Wozu ist die Diakonie fähig?

Christian Albrecht

Wozu ist die Diakonie fähig?

Theologische Deutungen gegenwärtiger Herausforderungen

Mohr Siebeck

Christian Albrecht, geboren 1961, ist Professor für Praktische Theologie an der Evangelisch-Theologischen Fakultät der Ludwig-Maximilians-Universität München.

ISBN 978-3-16-154904-5

Die Deutsche Nationalbibliothek verzeichnet diese Publikation in der Deutschen Nationalbibliographie; detaillierte bibliographische Daten sind im Internet über *http://dnb.dnb.de* abrufbar.

Das Buch wurde von Computersatz Staiger in Rottenburg/N. aus der Stempel Garamond gesetzt, von Gulde-Druck in Tübingen auf alterungsbeständiges Werkdruckpapier gedruckt und von der Buchbinderei Nädele in Nehren gebunden.

Vorwort

Die in diesem Band versammelten Überlegungen sind hervorgegangen aus Vorträgen und Fortbildungsveranstaltungen für Führungskräfte und Mitarbeiter der Diakonie. Sie sind verbunden durch das gemeinsame Ziel, das theologische Selbstbewusstsein der in der Diakonie Tätigen zu stärken und richten sich darin an theologische, vor allem aber an nichttheologische Leiter und Mitarbeiter diakonischer Einrichtungen. Die sozialen, gesellschaftlichen, politischen, kulturellen und religiösen Aktivitäten der Diakonie gehören zu den wesentlichen Faktoren des Öffentlichen Protestantismus in der Bundesrepublik Deutschland. Sie verdienen es daher, stärker als bisher nicht nur von einem praktisch-sozialkaritativen, sondern auch von einem theologischen Selbstbewusstsein getragen zu sein.

Die nachstehenden Erwägungen wollen ökonomische, juristische, soziologische, kommunikationstheoretische, politische, publizistische und andere Beleuchtungen der jeweiligen Problemstellungen weder ersetzen noch entwerten. Solche Perspektiven sind in den gegenwärtigen Zeiten einer hochspezialisierten und extrem ausdifferenzierten Diakonie notwendiger denn je. Sie werden darum konstruktiv aufgenommen. Es sollen ihnen aber dezidiert theologische Argumentationen zur Seite gestellt werden: Interpretationen von Grundsätzen der theologischen Tradition ebenso sehr wie theologisch ausgedeutete Einsichten gegenwärtiger Erfahrung. Denn mit dem Spezialisierungs- und Differenzierungsgrad der Diakonie steigt auch deren Bedarf an theologisch argumentierender Selbstvergewisserung. Je entschlossener die Diakonie ihre sublimen Praxen auf die komplexer werdenden ökonomischen, rechtlichen, politischen, sozialen, kulturellen, religiösen und kommunikativen Herausforderungen einstellt, umso größer ist die Notwendigkeit, dass sie selbst diese Praxen als soziales Hilfehandeln im Namen des Christentums verstehen, gestalten und plausibel machen kann.

München, im Juni 2016 Christian Albrecht

Inhaltsverzeichnis

Einleitung.
Zur Theologiefähigkeit der Diakonie

Die Diakonie sorgt für die gesellschaftliche Präsenz des evangelischen Christentums. Sowohl in der Selbstwahrnehmung evangelischer Kirchenmitglieder, wie sie etwa in den regelmäßigen Kirchenmitgliedschaftsumfragen dokumentiert ist, als auch in Außenwahrnehmungen des Protestantismus kommt der Diakonie als dem sozialen Hilfehandeln im Namen des evangelischen Christentums eine erhebliche Hochschätzung entgegen. Wenn Kirchenmitglieder und Konfessionslose gefragt werden, in welchen Bereichen sich die evangelische Kirche ihrer Meinung nach engagieren sollte, so erhalten die Antwortmöglichkeiten „Arme, Kranke und Bedürftige betreuen" sowie „sich um Menschen in sozialen Notlagen kümmern" seit Jahren die höchsten Zustimmungswerte, noch vor den Antwortmöglichkeiten „den Gottesdienst feiern", „die christliche Botschaft verkündigen" oder „sich zu politischen Grundsatzfragen äußern" – letztere landet regelmäßig auf dem hintersten Platz.[1] Den wenigsten dürfte dabei bewusst sein, dass es kaum die Kirche ist, die sich um Arme, Kranke, Bedürftige und Menschen in sozialen Notlagen kümmert, sondern die Diakonie. Ähnliches zeigt sich in der öffentlichen Wahrnehmung des evangelischen Christentums. Verfolgt man etwa die publizistische Berichterstattung in den großen Tages- und Wochenzeitungen sowie in den Feuilletons über die Jahre hinweg (was die punktuelle Berichterstattung über Missstände etwas relativiert), so teilt sich eine Grundstimmung mit, in der sich die hohe Bereitschaft zur Kritik an inneren Zuständen der Kirche, an Intransparenz und innerkirchlicher Finanzwirtschaft, an der Verflachung der Predigt- und Gottesdienstkultur, an der Naivität mancher politischer Stellungnahme der Kirche verbindet mit einer konstanten Hochschätzung der zuverlässigen, effizienten und differenzierten evangelischen Sozialfürsorge: sie sei das Pfund, mit dem der Protestantismus der Gegenwart wuchern könne, das Licht, das er nicht unter dem Scheffel verstecken sollte. Zwar fragt man sich auch hier bisweilen, ob die Einschätzungen immer ganz realistisch sind und ob die komplexe organisatorische Differenzierung zwischen verfasster Kirche und Diakonie stets vollständig durchschaut ist. Aber offensichtlich ist, dass die Diakonie eine grundsätzlich wohlwollende Wertschätzung genießt, das der evangelischen Kirche nicht in demselben Maße entgegenschlägt. Die Diakonie leistet einen erheblichen Beitrag zur öffentlichen Akzeptanz des evangelischen Christentums.

In der kirchlichen Wahrnehmung, aber auch in der Selbstwahrnehmung der Diakonie spiegeln sich diese Einschätzungen nicht ohne weiteres ab. Dafür gibt es verschiedene Gründe. Sehr viel stärker und vor allem sehr viel unmittelbarer als die Kirche unterliegt die Diakonie den ökonomischen und rechtlichen Bedingungen der modernen Gesellschaft und steht vor der Aufgabe, sich darauf einzustellen. Stärker und unmittelbarer sind aber auch die Zweifel, ob es gelingt, unter diesen Bedingungen so etwas wie ein christliches Profil, ein evangelisches „Proprium“, eine „diakonische Identität“ sichtbar bleiben zu lassen. Die Realität des Alltages in den diakonischen Einrichtungen mit seinen ökonomischen, aus Konkurrenzdruck resultierenden Zwängen weckt bisweilen Zweifel und Selbstzweifel, nährt Misstrauen und schlechtes Gewissen. Wie groß sind die vermeintlichen Sachzwänge wirklich? Wie eingespielt sind Automatismen des Gehorsams ihnen gegenüber? Haben Wachstums- und Expansionsdenken längst eine Eigendynamik gewonnen? Führen sie schleichende Tendenzen einer Abkopplung der Diakonie von ihren christlichen Wurzeln und ihrer kirchlichen Integration mit sich? Wo liegen Grenzen der Diakonie – Grenzen der Verantwortung, der Zuständigkeit und der Kapazitäten, aber auch Grenzen dessen, was man sich selbst und anderen zumuten sollte? Solche kritischen Fragen begleiten, auch als selbstkritische Prüfungen, die gegenwärtige Diakonie stärker als das in der Öffentlichkeit wahrnehmbar sein dürfte.

Die Geschichte des Christentums ist, von seinen ersten Anfängen an und bis in die Gegenwart, durchzogen von einer Grundspannung zwischen Weltdistanz und Weltzuwendung. Zu den institutionell verfassten Formen des Christentums, zu den vielfältigen Formen christlichen Lebens und auch zur Signatur individueller persönlicher Frömmigkeit gehört diese Doppeltendenz in konstitutiver Weise. Stets ist beides vorhanden, gleichzeitig und in unterschiedlichen Mischungsverhältnissen: die Tendenz, die Weltlichkeit der Welt zu relativieren, Kreuz und Leid und Tod ebenso wie irdisches Glück und alle Erfüllungen als Vorletztes zu betrachten, hinter dem andere, tiefere Bindungen bestimmend sind – und die Tendenz, sich mit einem aus dieser Relativierung speisenden Deutungs-

und Gestaltungswillen in die Welt hinein zu begeben und ihr, auf den Spuren des menschgewordenen Christus, ihre leid- und todbringenden Spitzen zu nehmen.

Unter den vielen und höchst unterschiedlichen Vergemeinschaftungsformen, die das Christentum im Laufe seiner Geschichte erlebt hat und die samt und sonders unterschiedliche Mischungsverhältnisse zwischen Weltdistanz und Weltzuwendung abbilden, gehört die moderne Diakonie zweifellos und entschieden auf die Seite des Letzteren. Weltdistanz erlaubt sie sich allenfalls als Motor der Weltzuwendung. In der Gestalt, die die Gründerväter der modernen Diakonie dieser in den Jahrzehnten zwischen 1830 und 1860 gaben, ist die Diakonie nachgerade zum Programm christlicher Weltzuwendung geworden, einschließlich aller Kompromisse, die dabei eingegangen werden mussten; sie ist zugleich zum Programm einer Kritik christlich-kirchlicher Weltdistanz geworden und ist schon seinerzeit der massiven Gegenkritik ausgesetzt gewesen, die Verweltlichung des Christentums zu befördern.

Zwar befinden wir uns gegenwärtig nicht mehr in den Frontstellungen des 19. Jahrhunderts. Zu stark ist die Einsicht, dass Diakonie und Kirche wechselseitig aufeinander angewiesen sind – nicht nur als rechtlicher Verbund, sondern vor allem deswegen, weil sie wechselseitig füreinander Glaubwürdigkeit produzieren: Die Diakonie steht für das von der Kirche erwartete soziale Engagement ein – und die Nähe zur Kirche sichert der Diakonie ihren christlichen Charakter. Unterhalb dieser Grundeinsicht gibt es konstante Verstehensprobleme, die ihre Ursache nicht zuletzt in den ausdifferenzierten, unterschiedlichen Leitungsanforderungen in der Kirche einerseits und in der Diakonie andererseits haben dürften.

Doch die besondere, entschlossen weltzugewandte Vergemeinschaftungsform der Diakonie und das komplexe, spannungsreiche Verhältnis der modernen Diakonie zur Kirche allein sind noch keine hinreichenden Begründungen für das schwach ausgeprägte theologische Selbstbewusstsein der Diakonie. Deren Gründe dürften viel eher in einer lang eingespielten, wechselseitigen Distanz zwischen der Diakonie und der Theologie liegen. Das lässt sich in drei Hinsichten erläutern. Und auch dabei geht es nicht darum, alte Frontstellungen zu reproduzieren, sondern ein gegenwärtiges Problem im Blick auf seine Entstehungsgeschichte zu beschreiben.

Erstens: Die diakonische Bewegung in der Mitte des 19. Jahrhunderts war von Anfang an nicht nur eine kirchenkritische, auf eine Reform des kirchlichen Lebens der Gegenwart drängende Bewegung, sondern ihr war auch ein tiefer Abstand gegenüber der Theologie zu eigen. Die Gründerväter der modernen Diakonie erwarteten von der Theologie ihrer Zeit nichts mehr, sie beteiligten sich kaum an den zeitgenössischen theologischen Debatten und entwarfen ihre Programme fernab von durchdringenderer theologischer Reflexion. Die Prinzipien der modernen Diakonie, prominent etwa durch Wichern, Fliedner, Werner oder Löhe formuliert, haben ihre Wurzeln in einer erweckungsbewegten, heilsgeschichtlichen Frömmigkeit und stellen relativ unmittelbare Umsetzungen dieser Impulse aus der Frömmigkeit in kirchen- und sozialreformerische, auch politische und frömmigkeitskulturelle Programme dar. An einer tiefergehenden Einzeichnung ihrer religiös motivierten Ideen in die dogmatischen, ethischen, ekklesiologischen, pastoraltheologischen oder frömmigkeitstheoretischen Überlegungen ihrer Zeit haben sie kaum ein Interesse – selbst Löhe artikuliert entsprechende Gedanken in einem von ihm selbst kultivierten wissenschaftsfernen, kirchenpraktischen, religiösen Gestus. Die Programme der modernen Diakonie sind im Kern theologiefern.

Umgekehrt ist, zweitens, die Diakonie auch erst spät in den Blick der Theologie geraten. Die Praktische Theologie des 19. Jahrhunderts leitete ihre Themen ganz weitgehend ab aus der Frage nach den Aufgaben des Pfarrers oder den Anforderungen des kirchlichen Lebens. Die Diakonie, die sich dezidiert neben dem traditionellen kirchlichen und gemeindlichen Leben etablierte und programmatisch Menschen, die andere Kompetenzen als die Pfarrer hatten, mit Leitungsaufgaben betraute, trat im Horizont des pastoralen oder des ekklesialen Paradigmas der Praktischen Theologie allenfalls am Rande in den Blick. Wo dies doch geschah, wurde die Theorie des inneren Missionswesens lange Zeit eher beiläufig als Bestandteil der Seelsorgetheorie oder der Gemeindetheorie abgehandelt, ohne dass die Perspektive der genannten Paradigmen damit überschritten worden wäre. Vereinzelte Forderungen, dass die Innere Mission Bestandteil der universitären Bildung von Pfarrern werden sollte, verhallten zunächst ungehört. Erst am Übergang vom 19. aufs 20. Jahrhundert etablierten praktisch-theologische Autoren wie Theodor Schäfer, Ernst Christian Achelis oder Friedrich Niebergall allmählich die Diakonik als eigenständigen Teil der Praktischen Theologie. Sie taten dies freilich zu einem Zeitpunkt, zu dem diakonietheoretische Überlegungen aufgrund von Professionalisierungen der diakonischen Praxis stärker an berufsführungstheoretischen Überlegungen in entsprechenden Ausbildungsgängen sowie an sozialwissenschaftlichen Überlegungen zu ihrer gesellschaftlichen Einbettung interessiert waren als an theologischen Aufklärungen.

Drittens: Wo sich die Theologie dann, insbesondere in den Traditionen des konfessionellen Luthertums oder der Wort-Gottes-Theologie, doch der Diakonie angenommen hat, da herrschte jeweils rasch das Interesse an theologischen *Begründungen* der Diakonie. Dies ist der leitende Impuls überall dort, wo die Diakonie aus dem Kirchenverständnis abgeleitet wird, genauer: aus dem Verständnis der Kirche, die gleichermaßen Glaubens- und Liebesgemeinschaft sei (so im konfessionellen Luthertum) ebenso wie dort, wo christologische Ableitungen der Diakonie ins Feld geführt werden (wie bei Karl Barth oder Paul Philippi), wo die Diakonie aus dem Reich-Gottes-Gedanken (Jürgen Moltmann), aus befreiungstheologischen Impulsen (Hermann Steinkamp) oder als Sonderform des Gottesdienstes begründet wird (Henning Schröer). All diese dogmatischen Begründungen der Diakonie bedeuten zunächst einmal eine normative Überfrachtung der Diakonie, die in allen Momenten ihrer sozialkaritativen Tätigkeit diese Ansprüche soll erkennbar einlösen können. Die Diakonie wird jeweils zum Anwendungs- und Probefall eines bestimmten, dogmatischen Kirchen- oder Christentumsverständnisses, dem sie zu genügen und das sie zu bestätigen hat. Die dogmatischen Begründungen sind sodann aber auch Niederschläge einer subtilen Infragestellung der Legitimität der Diakonie. Sie gilt nur dann als christlich, kirchlich und theologisch satisfaktionsfähig, wenn sie sich den hehren normativen Ansprüchen beugt und deren Anerkennung in allen Momenten ihres Handelns bekenntnishaft durchscheinen lässt.

Die genannten Aspekte der Distanz zwischen Theologie und Diakonie dürften bis in die Gegenwart hinein das schwach ausgeprägte theologische Selbstbewusstsein der Diakonie mitbestimmen. Notwendig wäre demgegenüber die Stärkung von theologischen Traditionen, die zum einen – ganz im Sinne beispielsweise Wicherns und Fliedners, aber auch der Diakonie-Denkschrift der EKD von 1998 – die Diakonie als eigenständige, dem Verkündigungsauftrag gleichgestellte Form des christlichen Lebens ernst nehmen, die zum anderen aber auch die besondere Lebensform der Diakonie gerade in der Unterschiedenheit der Diakonie von der verfassten Kirche anerkennen – liberaltheologische Perspektiven, die von Richard Rothe über Trutz Rendtorff und Dietrich Rössler bis hin zu Reiner Anselm und, in der allerjüngsten Zeit, Tobias Braune-Krickau reichen.[2]

Kennzeichnend für einen in diesem Sinne ansetzenden theologischen Zugang zur Diakonie, wie er auch für die in diesem Band vorgetragenen Erwägungen leitend ist, ist zunächst, dass die Existenz der Diakonie nicht als eigens legitimationsbedürftig gilt. Diakonisches Handeln wird, wie das kirchliche Leben, als eine selbständige Lebensäußerung des Christentums betrachtet und ist, in seinem Dasein, so wenig begründungspflichtig wie dieses. Die Diakonie ist eine Äußerungsform des christlichen Lebens und Gegenstand theologischer Aufmerksamkeit, weil das soziale Hilfehandeln einen integralen Bestandteil christlicher Frömmigkeit bildet.

Damit entfällt vor allem die quälende Notwendigkeit, permanent so etwas wie eine spezifisch christliche Signatur oder ein evangelisches Profil in den alltäglichen Tätigkeiten der diakonischen Hilfe herausstellen zu sollen.

Die weithin üblichen und im Horizont zunehmender Professionalisierung der Diakonie immer stärker scheiternden Versuche, den spezifisch christlichen Charakter des einzelnen diakonischen Handelns auszuweisen, sind weder aussichtsreich noch notwendig. Vielmehr ist vorauszusetzen, dass soziales Hilfehandeln, in dem sich die Anerkennung des Bedürftigen realisiert, zu den Konstitutionsmomenten christlichen Lebens gehört. Der christliche Legitimitätsausweis der Diakonie ist also nicht am Ort diakonischer Praxis zu suchen, sondern in den konstitutiven Lebensformen des Christentums vorgegeben. Diakonie als soziales Hilfehandeln im Namen des Christentums ist nicht erst dadurch als christlich beglaubigt, dass ihr christlicher Charakter sich in jeder einzelnen Handlung freilegen ließe – sondern weil das soziale Hilfehandeln ein Konstitutionsmoment des Christentums ist, ist das Helfen im Namen des Christentums bereits hinreichend als christlich ausgewiesen. Kurz gesagt: nicht das Helfen muss christlich werden, sondern zum Christentum gehört das Helfen. Dieser Zugang entlastet die Diakonie von permanenten Begründungszwängen ebenso wie vom dauerhaften schlechten Gewissen.

Kennzeichnend für diesen theologischen Zugang ist sodann ein von religiösen Aufladungen absehendes, eher pragmatisch und funktional ansetzendes Verständnis der Diakonie. Die Diakonie existiert in ihrer Praxis. Sie ist in dieser Praxis aufzufinden und von ihr her zu verstehen. Sie ist, in ihrer Praxis, Ausdruck des christlichen Gesamtlebens. In all dem ist sie parallel zur protestantischen Auffassung der Kirche zu verstehen – auch darin, dass sie, so wenig wie die Kirche, erst durch die übereinstimmende Gesinnung der in ihr Versammelten zustande käme. *Die*

Diakonie wird hier verstanden als der Zusammenschluss all derjenigen Menschen, die sich im Namen des evangelischen Christentums den in Not geratenen Menschen mit praktischem sozialem Hilfehandeln zuwenden und die damit die geschichtliche Gestalt des Christentums ebenso wie das christliche Leben der Gegenwart prägen.

Kennzeichnend ist schließlich eine spezifische Fassung der Aufgaben einer theologischen Deutung der Diakonie. Theologische Deutungen von Herausforderungen der Diakonie haben die Aufgabe einer hermeneutischen Erschließung von Themen und Problemen des sozialen Hilfehandelns im Namen des Christentums und tragen damit zu einem vertieften Selbstverständnis der diakonischen Praxis bei. In konstruktiver Aufnahme von Ergebnissen sozialwissenschaftlicher Deutungen der Diakonie und in der Zusammenschau theologiehistorischer, kirchenhistorischer, praktisch-theologischer, dogmatischer und ethischer Perspektiven rekonstruieren sie christliche, kirchliche und theologische Prägungen diakonischer Praxen in ihrem Gewordensein, beschreiben die je besonderen, gegenwärtigen Herausforderungen diakonischen Handelns und befördern so ein vertieftes Verständnis der spezifischen Problemstellungen der Diakonie ebenso wie die theologische Urteilsfähigkeit derjenigen, die in der Diakonie handeln.

Im Kern geht es bei den hier vorgelegten Deutungen gegenwärtiger Herausforderungen der Diakonie also um die Erschließung der Theologiefähigkeit der Diakonie. Die gegenwärtige diakonische Praxis erscheint der theologischen Interpretation fähig, würdig und bedürftig. Sie lässt sich, auch in der Spezialisierung, Differenzierung und Professionalisierung ihrer Praxis, theologisch deuten und nicht nur sozialwissenschaftlich oder religiös. Sie ist es wert, theologisch gedeutet zu werden, weil sie ein basaler Faktor des Öffentlichen Protestantismus in der Gegenwart und dessen gesellschaftlicher Bedeutung ist. Und die diakonische Praxis braucht die theologische Deutung, um sich nicht nur im Zusammenhang ihrer sozialkaritativen Tätigkeit, sondern auch im Zusammenhang des kirchlichen, christlichen und zivilgesellschaftlichen Lebens der Gegenwart souverän zu bewegen.

Erinnerungsfähigkeit. Diakonie als Innere Mission

1.

„Es ist ein wahrer Segen, daß es nicht gelungen ist, den Namen Innere Mission abzuschaffen. Er paßt ja nicht recht auf vieles, was unter den Umfang der Sache fällt, die man so heißt, aber das ist gerade gut. Der Stoff ist spröde, aber der Geist, der ihn durchdringen soll bis in die äußersten Glieder hinein, ist mit dem Wort Innere Mission an unserem Volk kurz und treffend bezeichnet.“[1] Als der spätere Tübinger Praktische Theologe Paul Wurster dies im September 1903 formulierte, hatte der Begriff „Innere Mission“ bereits eine über achtzigjährige Programmgeschichte hinter sich. Die französische Katholikin Marie-Pauline Jaricot (1799–1862) hatte in den 1820er Jahren fromme Laiengesellschaften gegründet, die sich die Verbindung von Wohltätigkeit und christlicher Verkündigung zur Hebung des religiösen und moralischen Lebens in den inländischen unteren Volksschichten zur Aufgabe machten und die sich insbesondere an französische Erzhüttenarbeiter richteten. In den verstreuten literarischen Entfaltungen ihrer Idee finden sich zahlreiche, frappante Entsprechungen[2] zur Losung einer „inländische[n] Mission“, die sich zeitgleich auch etwa bei Johannes Daniel Falk (1768–1826) und Christian Heinrich Zeller (1779–1860) als Bezeichnung ihrer Erziehungsarbeit findet und die auch Theodor Fliedner 1826 als Sammelbezeichnung für seine Motive gefunden hatte.[3]

Eben dies hatte zwar den Göttinger Theologen Friedrich Lücke 1842 dazu veranlasst, gleichermaßen erbost wie vergeblich „gegen solche welsche Sprach- und Begriffsverwirrung“ zu protestieren und den Begriff „innere Mission“ für diejenige Hilfe reservieren zu lassen, die die stärkeren Teile der Kirche ihren schwächeren Gliedern, insbesondere an den Rändern Europas und in Afrika schuldeten.[4] Gleichwohl konnte Lücke nicht verhindern, dass sein Schüler Johann Hinrich Wichern ab den frühen 1840er Jahren den Begriff einer inneren Mission für sich reklamierte und mit der Suggestion eingespielter Profilschärfe unterlegte: „Als innere Mission gilt uns nicht dieses oder jenes einzelne, sondern die gesamte Arbeit der aus dem Glauben an Christum geborenen Liebe, welche diejenigen Massen in der Christenheit innerlich und äußerlich erneuern will, die der Macht und Herrschaft des aus der Sünde direkt oder indirekt entsprechenden mannigfachen äußern und innern Verderbens anheimgefallen sind, ohne daß sie, so wie es zu ihrer christlichen Erneuerung nötig wäre, von den jedesmaligen geordneten christlichen Ämtern erreicht werden.“[5] Damit beginnt die Karriere des Begriffs.

Sie bleibt bekanntlich nicht auf das 19. Jahrhundert beschränkt. Der Begriff „Innere Mission“ ist auch in der unmittelbaren Gegenwart vielfach mehr als ein totes Erbe, sondern ein Programmbegriff, der jedenfalls Klarheit, Entschlossenheit und eine gewisse Kampfbereitschaft signalisiert. „Wir haben klare Wertvorstellungen – und setzen sie auch in die Tat um“, unter diesem Slogan traten die

Rummelsberger Anstalten der Inneren Mission vor einigen Jahren auf; „Unsere Mission: Menschlichkeit" schreibt die Innere Mission München sich auf die Fahnen, „Wirksam helfen. Seit 1849" lautet der selbstbewusste Slogan der Inneren Mission Darmstadt. „Die Innere Mission ist Gedächtnis und Gewissen der evangelischen Kirche in sozialen Fragen", so attestierte ihr jüngst der Kirchenpräsident der EKHN.[6]

Als diakonische Bewegung ist die Innere Mission hervorgegangen aus dem Kampf gegen den Pauperismus – jene Armutswelle, die im Zusammenhang des massiven Umbaus der Wirtschaftsverfassung nach den Befreiungskriegen insbesondere in den Städten entstand. Die soziale Arbeit der Inneren Mission, untrennbar verbunden mit dem Namen Wicherns, unterschied sich von der traditionellen kirchlichen Armenpflege erstens dadurch, dass sie soziale Zuwendung als Bedingung christlicher Verkündigung stärker mit dieser verschränkte; sie unterschied sich zweitens dadurch, dass sie eine organisatorische Straffung der unzähligen zeitgenössischen Einzelinitiativen bezweckte. Nach der Gründung des Central-Ausschusses 1848 bestand die Innere Mission bis zur Zwangseingliederung in die DEK während des Zweiten Weltkrieges als weitgehend selbständige Organisation, bis 1945 mit dem Hilfswerk der EKD eine stärker in die verfasste Kirche integrierte Nebenorganisation gebildet wurde. Mit der Vereinigung von Hilfswerk und Innerer Mission 1957 und der Gründung des Diakonischen Werkes 1975 endete zwar die Geschichte der Inneren Mission als eines freien und selbständigen evangelischen Verbandes.[7] Die Innere Mission hat jedoch innerhalb der Diakoniebewegung bis auf den heutigen Tag ein eigenes Profil.

Die Tradition der Inneren Mission steht für die älteste und klassische Form der modernen Diakonie; sie steht für die verbandsprotestantische Selbständigkeit neben der verfassten Kirche; sie steht für den starken Zusammenhang zwischen religiösen, insbesondere erweckungsbewegt-pietistischen Impulsen und sozialkaritativem Engagement. Die Semantik des Begriffs der Inneren Mission lässt zugleich aber auch einen stärkeren Hang zur sozialpolitischen Defensivität anklingen, zum religiösen Konservativismus und sie indiziert eine eher unerschrockene Neigung zu übersichtlichen Entgegensetzungen von Kirche und Welt.

Gleichwohl soll hier die These vertreten werden, dass in dem Programm der Inneren Mission, wie es sich insbesondere in ihren Anfängen bei Wichern zeigt, Potentiale eines zeitgemäßen Selbstbildes der modernen Diakonie freigelegt werden können. Dies gilt zwar nicht in dem Sinne, dass unmittelbare Wegweisungen enthalten wären, die umstandslose Anknüpfungen erlaubten. Aber der interpretierende Blick auf die Entstehungskontexte der Inneren Mission kann doch dazu beitragen, Fragestellungen wachzuhalten und zu schärfen, die uns auch in den gegenwärtigen Debatten um das Selbstverständnis der modernen Diakonie beschäftigen.

Wichern und die Frühgeschichte der Inneren Mission sind in den letzten fünfzig Jahren einem raschen Wechsel der interpretatorischen Paradigmen ausgesetzt gewesen.[8] Bis in die 1960er Jahre hinein dominierte in der Diakoniegeschichtsschreibung ein *frömmigkeitsgeschichtlich* orientierter Ansatz, der insbesondere die pietistisch-erwecklichen Wurzeln der Inneren Mission betonte, die politisch konservative Haltung ihrer Protagonisten dagegen bedauernd konstatierte und für die spätere Abwendung der Unterschichten von Religion und Kirche verantwortlich machte.[9] Demgegenüber haben ab dem Ende der 1960er Jahre und bis in die 1990er Jahre hinein *sozialgeschichtlich* forschende Theologen einen politisch konservativen, in seinen Sozialideen jedoch innovativen Wichern konstruiert, indem sie die Verbindung Wicherns mit den bürgerlichen Sozialreformen unterstrichen, dagegen aber seine politisch konservative Haltung für das anschließende reaktionäre, antidemokratische Politikverständnis des Protestantismus verantwortlich machten.[10] In den vergangenen zwanzig Jahren mehrten sich dagegen die *systemtheoretisch* (im Sinne Niklas Luhmanns) inspirierten Interpretationen, die die Diakonie und insbesondere auch die Frühgestalten der Inneren Mission als einen eigenen Teilbereich des Religionssystems neben den beiden anderen Systemreferenzen Kirche und Theologie verstehen und die eigenen Leistungen der Diakonie für diese, aber auch für die nichtreligiösen Teilsysteme betonen.[11]

Der rasche Wechsel der Deuteperspektiven und die dabei zutage tretenden Interpretationsspielräume zeigen, nur darauf kommt es einstweilen an, dass einseitige Fokussierungen auf die religiösen Motive, die sozialpolitischen Kontexte oder die gesellschaftskulturellen Funktionen nicht ausreichen. Denn sie vermögen nicht hinreichend zu erklären, warum ein zumindest modernitätsdistantes, teilweise auch modernitätsfeindlich auftretendes Programm wie dasjenige der Inneren Mission sich durch alle Entwicklungsschübe der Moderne hindurch ein so stabiles religiöses Symbolprestige erhalten hat, dass es ungebrochen als Identifikationsmuster zu fungieren vermag. Zu fragen ist also, welche konstruktive Funktion das Programm der Inneren Mission in den modernen religiösen Ausdifferenzierungsprozessen spielt.

Diese Fragestellung muss kurz erläutert werden, und zwar auf dem Hintergrund eines inzwischen zunehmend eingespielten, religionskulturell differenzierten Säkularisierungsbegriffs. Ihm zufolge sind – das kann hier nur knapp angedeutet werden – Phänomene religiöser Entwicklung, die lange einseitig als Bedeutungsverlust der Religion erschienen, nicht lediglich zu verstehen als Verflüchtigung individueller Geltungsgründe und öffentlicher Prägnanz der Religion, nicht lediglich als Entchristlichung oder Entkirchlichung. Die entsprechenden Prozesse zeigen vielmehr Bedeutungsverschiebungen des Religiösen, in denen Aufwertungen und Abwertungen nebeneinander stehen. Sie müssen interpretiert werden als Vorgänge der Umbildung und Transformation von überlieferten Beständen und Formen des Religiösen, und zwar mit ganz verschiedenen, teils auch widersprüchlichen Richtungen, indem etwa Tendenzen abnehmender Kirchenbindung, nachlassender normativer Kraft religiöser Überlieferung und zunehmender Diffusität religiöser Lebensformen, Tendenzen der Individualisierung und Privatisierung der Religion gleichzeitig neben Tendenzen der Pluralisierung und der Globalisierung der Religion, neben der steigenden Attraktivität von religiösen Gemeinschaften mit hohem Verbindlichkeitsanspruch, neben der Konjunktur bestimmter Formen öffentlicher Präsenz der Religion und neben starker individueller Identifikationsbereitschaft mit Ansprüchen religiöser Gemeinschaften stehen. Säkularisierung ist damit inzwischen von einem Verfalls- und Kampfbegriff zu einer kritischen Interpretationskategorie geworden für die Beschreibung des wandlungsreichen Verhältnisses von christlicher Religion und neuzeitlich-moderner Kultur im Blick etwa auf Lebensformen, Symbolsprachen, kognitive Strukturen, fromme Praxen, mentale Einstellungen und soziale Institutionen.[12]

Auf diesem Hintergrund liegt es also nahe, danach zu fragen, inwiefern die Innere Mission selbst als Moment solcher religiösen Differenzierungsprozesse zu verstehen sein könnte. Die These, die anschließend erläutert werden soll, lautet: Das Konzept der Inneren Mission, wie es in seinen Entstehungskontexten bei Wichern deutlich wird, ist sowohl eine Antriebskraft als auch ein Resultat solcher religionskultureller Wandlungsprozesse. Denn die Innere Mission wendet sich selbst zwar emphatisch gegen den von ihr als zweifellos und eindeutig diagnostizierten Verfall des kirchlichen Christentums. Sie macht sich im Kampf gegen die Entchristlichung aber Strategien zunutze, die de facto jenem einseitigen Verfallsmythos widersprechen, indem sie zeitgenössische religionskulturelle Differenzierungstendenzen teils aufnehmen, teils selbst verkörpern, teils befördern. Das soll anschließend in fünf Hinsichten erläutert werden, nämlich im Blick auf Frömmigkeit, Kirche, Politik, Ökonomie und kulturellen Formierungsanspruch. Ich beziehe mich dabei jeweils auf das Entstehungskonzept der Inneren Mission bei Wichern, hier der Einfachheit halber fast durchgängig auf die Ausführungen in der Denkschrift von 1849, in der sich schon das Wesentliche zu den genannten Punkten findet.

2.

(a) Innere Mission und Frömmigkeit

Das Konzept der Inneren Mission repräsentiert eine spezifische Form protestantischer Frömmigkeit. Als deren bestimmende Grundzüge gelten gemeinhin erweckungsbewegte bzw. pietistische Motive sowie das Selbstverständnis eines Christentums der *Tat*. Wichern selbst hat diesbezügliche Originalitätszuschreibungen, etwa gegen entsprechende, wohlmeinende Unterstellungen Karl Bernhard Hundeshagens, allerdings relativiert: „Übersehen wir die hunderte von einzelnen Tatsachen, in denen seit etwa 30 Jahren die innere Mission der evangelischen Kirche des Vaterlandes aufgekeimt ist, so findet sich unleugbar hie und dort in geringerem oder größerem Umfang etwas von diesem Pietismus; allein einmal ist er nur eine vereinzelt vorkommende Richtung [...]. Bei weiterem mehr ist diese eigentümliche Richtung im Praktischen den Einflüssen Englands zuzuschreiben, das [...] einen bedeutenden Einfluß auf die Ausbildung und Gestaltung der praktisch-kirchlichen Richtung in Deutschland gewonnen hat.“[13]

Die im Konzept der Inneren Mission kultivierte Frömmigkeit lässt denn auch mindestens zwei weitere Motive erkennen, die aufgenommen und bedient werden. Zuerst hinzuweisen ist auf das schwer übersehbare Pathos, mit dem der Liebesbegriff eingesetzt wird. Indem Wichern den Begriff der Liebe zu einem der Schlüsselbegriffe seiner Konzeption macht, bewegt er sich zunächst im Umfeld des zeitgenössischen popularisierten romantisch-idealistischen Liebesbegriffs. Wichern nimmt die Tendenzen zur

„soziologischen Transformation des Liebesbegriffs“[14] auf, die mit der Aufklärung einsetzten und in Romantik und Idealismus ihren Höhepunkt fanden. Weil er den Liebesbegriff dabei aber mit der Aura des Bodenständigen und Notwendigen umgibt und ihm eine eindeutige Zielperspektive zuweist, nämlich: Rettung und Heilung des gesamten Volkes, korrigiert er die idealistisch-romantischen Überspannungen des Liebesbegriffes zugleich. „Meine Freunde, es tut eines not, daß die evangelische Kirche in ihrer Gesamtheit anerkenne: ‚die Arbeit der innern Mission ist mein!‘, daß sie ein großes Siegel auf die Summe dieser Arbeit setze: *die Liebe gehört mir wie der Glaube.* Die rettende Liebe muß ihr das große Werkzeug, womit sie die Tatsache des Glaubens erweiset, werden.“ Zugleich reintegriert Wichern den solchermaßen aufgenommenen und in die Bahnen gelenkten Liebesbegriff in seinen ursprünglichen christologischen Kontext: „Diese Liebe muß in der Kirche als die helle Gottesfackel flammen, die kund macht, daß Christus eine Gestalt in seinem Volk gewonnen hat. Wie der ganze Christus im lebendigen Gottes*worte* sich offenbart, so muß er auch in den Gottes*taten* sich predigen, und die höchste, reinste, kirchlichste dieser Taten ist die rettende Liebe.“[15] Im Ganzen handelt es sich also um die Aktualisierung eines ursprünglich christlichen Liebespathos auf dem Hintergrund und unter Aufnahme der Umbildungen, Verfremdungen und Anreicherungen, die dieses in den zeitgenössischen religiösen Stimmungen gefunden hatte.

Ein zweites Frömmigkeitsmotiv, das in Wicherns Konzept der Inneren Mission kultiviert ist, ist dasjenige der Humanität. Wichern verstand es, auf die vormärzliche Konjunktur des von seinen christlichen wie von seinen aufklärerischen Herkunftsbedingungen weitgehend emanzipierten Humanitätsideals einzugehen und die Tendenzen zur tätigen Umsetzung dieses Ideals seit den letzten Jahrzehnten des 18. Jahrhunderts aufzunehmen. In den akademisch-theologischen Debatten der Mitte des 19. Jahrhunderts war umstritten, welche Differenzen und Gemeinsamkeiten zwischen einem seiner christlichen Wurzeln bewussten Humanitätsideal und einem emanzipierten, universell gewordenen Humanitätsideal bestanden, wie etwa die Auseinandersetzungen zwischen Richard Rothe und Karl Bernhard Hundeshagen zeigen.[16] Wichern gelang es, die auf der Ebene der Frömmigkeit ganz unbefangen amalgamierten Ideale und praktischen Umsetzungen des Humanitätsethos anzusprechen und aufzunehmen. Sein Konzept der Inneren Mission zeigt sich in dieser Hinsicht, so könnte man sagen, als ein synkretistisches, darin aber seiner Zeit gemäßes Frömmigkeitsgebilde. Wichern selbst ist das allerdings offensichtlich weniger bewusst gewesen als den Diakoniehistorikern am Ende des 19. Jahrhunderts.[17] Als Beleg mag Gerhard Uhlhorn gelten: „Aber auch die der Kirche, vielleicht sogar dem Christentum, ferner Stehenden, sind nicht mehr so wie früher Gegner der innern Mission. Mögen sie auch für das, was spezifisch christlich an ihr ist, keinen Sinn haben, so haben sie doch für sie, soweit sie humanitäre Ziele verfolgt, Verständnis und Sympathie gewonnen. Von diesem Standpunkte aus beteiligen sie sich auch an den Werken der innern Mission und greifen selbst mit in die Arbeit ein. Vergessen wir nicht, daß die eine Wurzel der innern Mission in den Humanitätsgedanken der Aufklärung liegt, ja daß sie selbst in gewissem Maße nur die christliche Vertiefung und Verklärung jener Gedanken ist."[18]

(b) Innere Mission und Kirche

Der nächste Punkt, an dem sich zeigen lässt, dass Wicherns Konzept der Inneren Mission sich zeitgenössischen Tendenzen religiöser Ausdifferenzierung verdankt und sie befördert, betrifft das Verhältnis zwischen Innerer Mission und Kirche. Wichern fühlte sich einerseits dem traditionellen Kirchentum uneingeschränkt verpflichtet. Andererseits hielt er das zeitgenössische, verfasste Kirchenwesen für nicht ausreichend flexibel, um über die klassischen parochialen und konsistorialen Aufgaben hinaus den neuartigen sozialkaritativen Anforderungen gewachsen zu sein. Die verstreuten Äußerungen in der Denkschrift ergeben folgendes Bild: Bei aller Treue zur Kirche muss die Innere Mission die Grenzen der Kirche notgedrungen überschreiten,[19] weil die Kirche den Anforderungen nicht gewachsen ist und sich auch nicht aus eigener Kraft auf sie einstellen kann.[20] Die Bewegung der Inneren Mission ist damit selbst Ausdruck der Einsicht in den Verfall des kirchlichen Lebens, Resultat „kirchlicher Not von trostlosester Art“[21]. Zugleich leistet die von der Kirche sich emanzipierende Innere Mission – indem sie Aufgaben übernimmt, denen die Kirche nicht mehr gewachsen ist – der Kirche einen entlastenden Dienst[22] und bereitet deren Regeneration[23] vor.

Die von Wichern angestrebte und erreichte Gründung eines von der verfassten Kirche weitgehend unabhängigen Centralausschusses der Inneren Mission folgte dabei dem Muster der das kirchlich-christliche Leben des gesamten 19. Jahrhunderts prägenden Etablierung eines protestantischen Verbands- bzw. Vereinswesens.[24] So sehr Wichern von traditionalistischen Vorstellungen des unüberwindlichen Gegensatzes zwischen Kirche und Welt bestimmt gewesen sein mag, so entschlossen machte er doch von einer strategischen Organisationsform Gebrauch, die die zeitgenössische Formierung der öffentlichen Bürgergesellschaft entscheidend vorantrieb. Trug der Vereinsgedanke wesentlich zur Herausbildung der bürgerlichen Gesellschaften des 19. Jahrhunderts bei, so hat er sich von ungefähr 1780 an bis zum Ausbruch des Ersten Weltkrieges in verschiedenen Phasen und Formen auch als protestantisches Vereinswesen Geltung verschafft. Protestantische Verbände übernahmen hier als „kirchliche ‚Vorfeldorganisationen‘“[25] religiöse Sonderaufgaben, die die Kirche selbst nicht bewältigen konnte. Wicherns Konzept der Inneren Mission hat zum einen entscheidende Impulse durch die im frühen 19. Jahrhundert bestehenden kleineren Vereine für Jugendfürsorge, Mission und Bibelverbreitung empfangen. Die Innere Mission hat zum anderen umgehend aber auch selbst eine protagonistische Rolle gespielt für die effiziente Etablierung von weiteren größeren Vereinen (Protestantenverein, Evangelische Vereinigung, Evangelischer Bund). Damit wurde sie alsbald zum Zielpunkt der Spannungen zwischen verfasster Kirche und Vereinen sowie den kirchlichen Versuchen, die Vereine entweder zurückzudrängen oder in die kirchlichen Strukturen zu integrieren.

Wicherns Programm der Inneren Mission erfüllte also in ihrem faktisch ambivalenten Verhältnis zur verfassten Kirche eine nicht zu unterschätzende Funktion für die zeitgenössische und zeitgemäße Ausdifferenzierung des kirchlichen Lebens, indem sie die Etablierung kirchlicher „Zweitstrukturen“[26] oder Nebenstrukturen beförderte bzw. früh die „Versäulungstendenzen“[27] innerhalb der deutschen Protestantismus verstärkte. Die Innere Mission hatte mithin teil an der Ausbildung eines nebenkirchlichen christlichen Netzwerkes in einer Epoche, in der Religion und Kirchen einem massiven Funktionswandel unterworfen waren. Sie erfüllte damit eine Reihe von spezifischen Leistungen. Erstens nahm sie Tendenzen der Kirchenentfremdung auf und bediente sie so, dass die darin enthaltenen kirchenkritischen oder kirchendistanzierten Motive nicht auch zugleich in Kirchenfeindschaft umschlugen. Zweitens trug die Innere Mission zur Verbürgerlichung von religiösen Interessen und Motiven bei: diese erschienen schon durch ihre institutionelle Einbindung in das Vereinswesen als vereinbar mit den neu entstehenden Selbst- und Weltbildern der Bürgertumsschichten. Drittens und nicht zuletzt leistete die Innere Mission mit der Etablierung des nebenkirchlichen christlichen Netzwerkes einen entscheidenden Beitrag zur Plausibilisierung der religiösen und ethischen Grundsätze des kirchlichen Christentums, von denen sie sich ja keinesfalls lossagte, sondern in deren Dienst sie sich fühlte. Insofern trug die Innere Mission, wie andere Funktionsgrößen nebenkirchlicher Netzwerke, durch die Kompensation von Unbeweglichkeiten oder Überforderungen des kirchlichen Christentums zu dessen Stabilisierung bei.

(c) Innere Mission und Politik

Es braucht kaum daran erinnert zu werden, dass Wichern immer wieder gescholten wird für seine konservativen politischen Anschauungen – etwa dafür, dass er kaum auf die Idee kam, eine selbständige staatliche Sozialpolitik zu fordern, weil er von einer schon zu seinen Zeiten hoffnungslos anachronistischen Einheit von Christengemeinde und Bürgergemeinde ausging. Entlastend wird gelegentlich darauf hingewiesen, dass Wichern immerhin die bürgerliche Reformvernunft wie auch die konservativen Eliten auf den Zusammenhang zwischen sozialen Konflikten und kulturellen Konflikten aufmerksam gemacht und die Untrennbarkeit von weltanschaulichen Optionen und ihren sozialreformerischen Umsetzungen verdeutlicht hat. Entscheidend ist jedoch etwas anderes. Wichern lässt an verschiedenen Stellen erkennen, dass er Politikverweigerung für eine unrealistische und zudem für eine unmoralische Option hält, „daß der Christ sich von der Pflicht des politischen Lebens nicht zurückziehen darf; daß auch hier die Flucht Schande ist“[28]. Aber er beugt konsequent der Verwechslung von diakonischem und politischem Engagement vor. Wicherns Innere Mission ist selbst natürlich politisch, sie ist deswegen aber erstens noch lange nicht mit Politik gleichzusetzen und zweitens braucht sie deswegen erst recht auch keine Imitation der Politik zu werden. Wichern macht deutlich, dass die die Innere Mission leitenden religiösen Optionen zwar politische Implikationen und Konsequenzen haben, selbst aber nicht mit politischen Denk- und Handlungsformen gleichgesetzt werden können. Religiös-weltanschauliche Motive bilden wohl Hintergründe für politische Stellungnahmen und sie verlangen auch eine Umsetzung in politische Handlungsformen, aber sie bleiben von diesen unterschieden.

Der Beitrag, den Wichern damit für die religionskulturelle Ausdifferenzierung leistet, besteht also darin, dass er einerseits die Notwendigkeit einer Verbindung von Religion und Politik sieht und konzediert, dass das Religiöse in dieser Verbindung und in seiner Funktion als Hintergrundsmotiv vielleicht weniger eindeutig als das Religiöse identifizierbar wird. Andererseits hält er daran fest, dass dieses religiöse Hintergrundsmotiv doch nicht schon unmittelbar als politische Stellungnahme taugt, sondern von ihr unterschieden bleibt auch dort, wo das nicht auf den ersten Blick wahrnehmbar ist, sondern erst in der Analyse der Interessen und der argumentativen Logik.

(d) Innere Mission und Ökonomie

Schon Wichern war die Situation bekannt, dass die Innere Mission sich mit anderen Anbietern auf einem – wenngleich noch nicht durchweg ökonomisch bestimmten – gemeinsamen Markt befand, dass hier strategische Entscheidungen über Allianzen und Konkurrenzen getroffen werden müssen, vor allem aber: dass das Spezifische des eigenen Angebotes verdeutlicht werden muss. „So ist es ganz in der Ordnung, daß sich auf [einem], auch der innern Mission anheimfallenden Gebiete die *innerlich* verschiedensten Richtungen begegnen könne, die über das, was sie in der Erscheinung unschädlich machen wollen, ebenso einig und klar sind, wie sie verschieden sind in den innern Beweggründen ihres gemeinsamen Handelns.“[29] Auch Wichern kannte, wenngleich noch lange nicht so drängend wie seine Nachfahren, die Notwendigkeit, auf offenen Märkten eine *Corporate identity* zu gewinnen und zu erhalten. Seine Strategie der Identitätssicherung bestand grundsätzlich darin, an traditionalen religiösen Begründungen für das eigene Handeln festzuhalten, gleichzeitig aber die Verkündigungsformen undogmatisch und progressiv zu variieren und die sozialen Funktionen flexibel auszuweiten.

Wicherns begründungstheoretische Prämissen dürfen dabei aber gerade nicht, wie das in früheren, etwa sozialgeschichtlichen Interpretationen gängig war, gegen seine anwendungstheoretischen Erwägungen ausgespielt werden. Vielmehr muss die spannungsvolle Beziehung zwischen begründungstheoretischen und anwendungstheoretischen Erwägungen als Bestandteil einer Marktstrategie interpretiert werden.

Übersichtliche Begründungstheorien haben die Funktion, das eigene Milieu zu formieren und auf unübersichtliche Anwendungen einzustellen; sie haben außerdem die Funktion, dem Unternehmen ein profiliertes, einheitliches äußeres Erscheinungsbild zu verschaffen auch dort, wo seine Leistungen verwechselbar werden. Bei aller Variabilität in den Leistungsformen hat Wichern diese Leistungsformen stets an die im eigenen Milieu begründungstheoretisch funktionierenden, unmittelbar religiösen Prämissen zurückgebunden, ohne deswegen zugleich eine universale Überzeugungskraft seiner Begründungen zu erwarten. Dass das eigene Milieu religiös motiviert ist und motiviert auftritt, schien ihm entscheidend für die strategische Überlegenheit seiner Marke am Markt – nicht aber, dass die Konkurrenten oder die Klientel diese Begründungen selbst inhaltlich nachvollzogen und affirmierten. „Deshalb legten er und seine Innere Mission auch keine Vorschläge zur strukturellen Umgestaltung des politischen und ökonomischen Bereichs vor und vermieden auf diese Weise Eingriffe in systemfremde Codes. Stattdessen formulierten sie ‚Unterbrechungsregeln', d.h. sie benannten Motive und Voraussetzungen für Situationen, in denen es sinnvoll erscheinen konnte, nicht politischen, ökonomischen oder rechtlichen, sondern moralisch-religiösen Kommunikationsmustern zu folgen."[30]

Daraus kann also nicht der Schluss gezogen werden, dass es möglich sein könnte, mit der Bergpredigt Politik oder gar Geschäfte zu machen. Es zeigt sich aber, dass die Expansion der Leistung gebunden ist an Begründungsmuster, die im eigenen Milieu verstanden werden und ihre motivierende Funktion entfalten. Diese Begründungen führen dazu, dass das Unternehmen in der Außenwahrnehmung auf dem offenen Markt auch von denen, die die Begründungen nicht nachvollziehen, als leistungsfähig und vertrauenswürdig empfunden wird.

Denn der religiöse Anbieter sozialer Leistungen, der für sein strategisches Handeln am Markt gerade nicht ökonomische Argumente geltend macht, sondern auf seine religiösen Motive verweist, vermeidet, dass er Begründungen und Codes imitiert, die nicht ursprünglich seine eigenen sind, die auch niemals ganz die eigenen werden können und für die ihm darum von seiner potentiellen Klientel intuitiv ohnehin keine Kompetenzen zugetraut werden. Wichern reagiert also, darauf kommt es hier an, auf die religiösen und auf die ökonomischen Modernisierungsprozesse seiner Zeit so, dass er kompromisslos und traditionalistisch wirkende religiöse Begründungen zur Identitätssicherung seiner Marke einsetzt, um anschließend am Markt umso flexibler agieren zu können. Damit die in den Modernisierungsprozessen geforderte kulturelle Umbildung des Religiösen auf dem Feld der sozialkaritativen Erscheinungsformen effizient stattfinden kann, werden identitätsstiftende Begründungsmuster eingesetzt, die sich auf der semantischen Oberfläche diesen

Differenzierungsprozessen strikt widersetzen, ihnen in einer Tiefenschicht aber genau dadurch dienen, dass sie die Erkennbarkeit der sich umbildenden Religion sichern.

(e) Innere Mission und kultureller Formierungsanspruch

Es ist erstaunlich wenig bekannt, dass Wicherns Konzept der Inneren Mission sich nicht nur an die sozial Schwachen der Gesellschaft wandte, sondern sich genauso auch an die besitz- und bildungsbürgerlichen Schichten richtete, die eine wichtige Rolle im angestrebten Prozess der Rechristianisierung spielten.[31] Die Innere Mission Wicherns nahm insofern nicht nur Sozialfürsorge als Voraussetzung für erfolgreiche Verkündigung in den Blick, sondern betrachtete ebenso die Hebung des sittlichen und ästhetischen Bewusstseins in Literatur, Musik, Theater und Bildenden Künsten als eine solche Bedingung und erhob damit einen als Bildungsförderung auftretenden „kulturellen Formierungsanspruch“[32].

Wichern erhebt diesen Anspruch bereits im ersten Satz seiner Stegreifrede auf dem Wittenberger Kirchentag 1848: „Bei Bestimmung des Gebietes der Inneren Mission sei es zunächst ein großer Irrtum, wenn man meine, daß es bei ihr nur auf Rettung der Armen und Ungebildeten ankomme; es gelte ebensosehr der Rettung der Reichen und Reichsten und Höchstgebildeten.“[33] Es blieb auch hier nicht beim Programm, sondern Wicherns kulturpolitische Initiativen erfuhren eine wirksame Umsetzung.

Einige wenige Beispiele müssen genügen.[34] Erstens, bald nach der Gründung des Centralausschusses der Inneren Mission konkretisierte sich das (insbesondere durch den ersten CA-Präsidenten Moritz August von Bethmann-Hollweg vermittelte) Bemühen, die der Kirche entfremdeten Gebildeten für religiöse Themen in den Bildenden Künsten zu interessieren. Schon der dritte Kongress der Inneren Mission 1851 hatte die „Bildende Kunst in der evangelischen Kirche" zum Thema, 1854 ging aus den Initiativen des Centralausschusses die Gründung des „Verein für religiöse Kunst in der evangelischen Kirche" hervor.

Zweitens, nach der Reform der Gewerbeordnung 1869, die eine Vielzahl von Konzessionen für private Theaterunternehmen nach sich zog, wurden in der Inneren Mission Debatten über die Frage geführt, ob man sich darum bemühen sollte, auf die Spielpläne und das Personal der Bühnen Einfluss zu nehmen, oder ob die Gründung von förmlichen Gegentheatern, sogenannten christlichen Volksschauspielen, erfolgversprechender sei.

Drittens, schon auf dem zweiten und dritten Kongress der Inneren Mission 1850 und 1851 wurde die Gründung von evangelischen Schulen erwogen, freilich zunächst noch wieder verworfen.

Viertens ist zu erinnern an den vermutlich bekanntesten Aspekt der kulturpolitischen Initiativen der Inneren Mission, nämlich die Aktivitäten, die sich auf das Buch- und Zeitschriftenwesen bezogen. Auch hier bildete sich eine Doppelstrategie heraus, die einerseits versuchte, Einfluss auf Obrigkeit und Gesetzgeber zu nehmen, um die Verbreitung unschicklicher Literatur zu verhindern, andererseits die Gründung eigener Verlage, Traktatgesellschaften, Lesegesellschaften, Zeitungen, Pressedienste und anderes mehr umfasste.

Notierenswert an diesen Initiativen, und darauf kommt es entscheidend an, sind aber nicht allein die Kritik der als verkommen wahrgenommenen Kulturerzeugnisse oder die Initiativen zur Schaffung sittlich und religiös einwandfreier Gegenprodukte. Sein spezifisches Profil gewinnt der kulturelle Formierungsanspruch vielmehr durch die kontroversen Debatten, die um die angemessenen Umsetzungsstrategien geführt werden. Hier stehen sich – am deutlichsten kann man das an den Debatten um die evangelischen Schulen betrachten[35] – stets zwei entgegengesetzte Grundtendenzen gegenüber. Die Anhänger forcierter kulturpolitischer Initiativen vertreten die Auffassung, dass das jeweilige kulturelle Segment hoffnungslos entchristlicht und nicht mehr korrigierbar sei, so dass entsprechende kulturelle Gegenwelten geschaffen werden müssten. Die Gegner argumentieren, dass genau damit ein Weg beschritten würde, der die Trennung von Religion und Bildung, von Christentum und Gesellschaft, von Kirche und Staat beschleunigen und besiegeln würde. Die religionsdifferenzierende Pointe des religiös motivierten, kulturellen Hegemonialanspruches der Inneren Mission liegt also darin, dass er Diskussionen über die bildungskulturelle Umgebungswirklichkeit auslöst. In diesen Diskussionen werden analytische und diagnostische Potentiale zur professionellen Beobachtung der Gegenwartskultur freigesetzt, zugleich werden Prognosen zur realistischen Einschätzung der Gesellschafts- und Kulturentwicklung und zur Abschätzung von Folgen der Kulturintervention artikuliert. Wicherns Konzept der Inneren Mission zeigt sich auch in dieser kulturpolitischen Hinsicht zwar nicht durch die sachlichen Optionen im Einzelnen, umso mehr aber durch die von ihm ausgelösten Debatten ebenso sehr als Resultat der zeitgenössischen religionskulturellen Differenzierungsprozesse wie auch als deren Antriebskraft.

3.

Die Innere Mission hat, wie zu sehen war, in den Modernisierungsprozessen des mittleren 19. Jahrhunderts kirchliche und religiöse Nebenstrukturen und Nebenorganisationen gebildet, die gerade auf die komplexen Verflechtungen von sozialstrukturellen, politischen, ökonomischen und kulturellen Wandlungen mit religiösen Veränderungen flexibler, nämlich zugleich anpassungsfähiger und widerstandskräftiger zu reagieren vermochten als das verfasste Kirchentum. Die Innere Mission hat damit zum Plausibilitätserhalt des Christentums in seinen öffentlichen und in seinen individualisierten, nicht zuletzt aber auch in seinen kirchlichen Gestalten beigetragen. Zwar wird man aus dieser Interpretation, wie gesagt, keine unmittelbaren Wegweisungen für die Gegenwart ableiten können. Aber einige uns gegenwärtig beschäftigende Fragestellungen erscheinen vielleicht doch in einem etwas schärferen Licht. Neben vielen materialen Fragen sind es insbesondere auch Fragen nach den Themen, der Form und dem Zweck der zunehmend gebotenen theologischen Selbstreflexion der Diakonie. Hierzu seien abschließend, sehr kurz, drei Punkte genannt.

Erstens, die Aufmerksamkeit auf die starke Verflochtenheit der Diakonie in die religiösen Wandlungsprozesse ihrer jeweiligen Zeit könnte die Beantwortung der notorisch offenen Frage erleichtern, warum die gesellschaftliche Nachfrage nach Diakonie, auch das gesellschaftskulturelle Ansehen der Diakonie weitgehend unabhängig zu sein scheint von der Zustimmung zu den Formen religiöser Sinnstiftung, für die die verfassten Kirchen stehen.

Dass die Vermutung nicht zutreffend ist, ein auf tätige Hilfe konzentriertes religiöses Engagement überzeuge mehr als ein auf das gesprochene Wort konzentrierte kirchliche Christentum, ist schon seit längerem Gemeingut. Man wird auch kaum sagen können, dass der Bedarf an religiöser Sinnstiftung zurückgeht, während der Bedarf an religiös motivierten sozialen Dienstleistungen umso größer wird und sich als kirchlich-theologisch unabhängiger Faktor etabliert.

Vielmehr kann man an den Entstehungskontexten der Inneren Mission studieren, dass ihr Erfolg sich, gerade in der Kombination aus erwecklerischen und bürgerlichen, religiös traditionellen und flexiblen Motiven, dem Umstand verdankte, dass sie „einem latent vorhandenen Erwartungshorizont [entsprach], der in diakonischem Handeln neben der Kirche die große Chance sah, dem religiösen Leben mit der Zielperspektive einer Re-Christianisierung der Gesellschaft flächendeckend neue Impulse zu geben.“[36]

Vielleicht lässt die Beobachtung, dass konkurrierende Anbieter, aber auch kirchlich Fernstehende in der Diakonie „starke Marken“ sehen, während das innerkirchliche und innertheologische Selbstbewusstsein der Diakonie vergleichsweise schwach ausgeprägt ist, ja ähnliche Schlüsse zu. Möglicherweise artikuliert sich auch hier ein latent vorhandener Erwartungshorizont an das, was das Christentum in der modernen Gesellschaft mit ihren radikalen Atomisierungstendenzen anbieten sollte, nämlich die Wiederbelebung ursprünglicher und recht schlichter religiöser Praxen, Symbolsprachen und Motive, um diese in allgegenwärtiger Unübersichtlichkeit sittlichkeits-, bildungs- und wohlfahrtshebend einzusetzen. Ganz gleich, wie man diesen Erwartungshorizont im Einzelnen bewertet: Falls er so bestünde, würde er – vor der Frage, ob man ihm entgegenkommt oder nicht – ein weiteres Mal die kompensatorische Funktion der Diakonie im Blick auf Erwartungen an das gegenwärtige Christentum erweisen.

Zweitens, Wicherns Konzept der Inneren Mission lässt erkennen, in welcher Hinsicht die Diakonie theoriefähig und theoriebedürftig ist. Es wird nämlich deutlich, welche Themen und welchen Zuschnitt solche Theorien haben müssen. Dass *Begründungs*theorien für das diakonische Handeln nötig und möglich sind, ist spätestens fragwürdig geworden, seit Luhmann die Diakonie vor bald vierzig Jahren als „organisierten Okkasionalismus der Zuwendung zu den Armen und Benachteiligten"[37] beschrieb, der sich eben eher von selbst versteht, als dass er aufwendiger Begründungen bedürfte. Die Diakonie ist deswegen ganz fraglos eine Äußerungsform des christlichen Lebens und Gegenstand theologischer Aufmerksamkeit, weil das soziale Hilfehandeln einen integralen Bestandteil christlicher Frömmigkeit bildet. Eher nötig scheinen dagegen religionskulturelle *Deute*theorien zu sein, die das diakonische Engagement als Resultat wie als Antriebskraft von Strukturen und Trends in dem Gewebe aus gesellschaftlichen, politischen, kulturellen und religiösen Verschiebungen erschließen.

Drittens, der Gedankengang zeigte, dass das Selbstbewusstsein der modernen Diakonie, die sich an ihre Wurzeln in der Inneren Mission erinnert, nicht einfach zu heben ist durch die quantitative oder qualitative Steigerung ihrer Dienstleistungen. Dieses Selbstbewusstsein, das schließlich auch über den Auftritt auf dem Markt und dem Erfolg auf ihm entscheidet, wird viel eher zu heben sein durch die Erinnerung an den religionskulturellen Ort der Diakonie – nämlich durch die Erinnerung daran, dass die moderne Diakonie seit ihren Anfängen ihren spezifischen Ort hat in den prekären und unübersichtlichen Zwischenräumen zwischen Kirche und modernem Staat, zwischen Humanität und Christentum, zwischen Religion und Kultur. Sie steht aber ebenso in den Zwischenräumen zwischen traditioneller und innovativer Religionspraxis, zwischen individueller und gemeinschaftlicher Religionspflege, zwischen Wortverkündigung und tätiger Frömmigkeit. In diesen Zwischenräumen hat sie ihre Ursprünge, in diesen Zwischenräumen wird sie gebraucht und aus diesen Zwischenräumen könnte sie die Gründe beziehen für ein starkes Selbstbewusstsein.

Belastungsfähigkeit. Diakonie und Kapital

1.

Diakonie und Kapital – das ist ein Reizthema. Die Begriffskombination setzt sofort bestimmte Assoziationen frei. Man denkt wahrscheinlich zunächst an das finanzielle Kapital, das die Diakonie hat und braucht. Diese erste Assoziation ist nicht die einzige, drei weitere werden noch hinzukommen. Aber die Assoziation zum finanziellen Kapital ist wahrscheinlich die erste, und das völlig zu Recht.

Die Diakonie steht hinsichtlich des Umgangs mit dem eigenen finanziellen Kapital unter erheblichem Druck. Es ist ein doppelter Druck. Zum einen kann die Diakonie sich den hohen moralischen Forderungen, die etwa von Seiten der Kirche an die Akteure auf den Finanzmärkten gerichtet werden, am wenigsten entziehen. Dass das Wirtschaften am Kapitalmarkt nicht nur Einzelinteressen nutzen darf, sondern sozialer, ökologischer und globaler Nachhaltigkeit verpflichtet sein muss – für wen sollte diese Forderung mehr gelten als für die evangelische Diakonie? Zum anderen aber, und das ist die Gegenrichtung, aus der ein sachlicher Druck erwächst: Der notwendige unternehmerische Erfolg der Diakonie hängt erheblich von einem nüchternen Agieren am Wirtschaftsmarkt und von einem pragmatischen Umgang mit dem finanziellen Kapital ab. Wer hier ins Träumen gerät, hat verloren.

Die Verpflichtung zur Nüchternheit, zum Pragmatismus im Umgang mit den eigenen finanziellen Kapitalressourcen wird noch einmal verschärft dadurch, dass der Erfolg der Diakonie unternehmerisch messbar ist und auch gemessen wird. Die Diakonie muss unternehmerisch agieren, und zwar auf einem eingeschränkten Markt. Damit sind zwei Probleme in einem Satz angesprochen, die nicht zu unterschätzen sind und die man um der angemessenen politischen, gesellschaftlichen, kulturellen und kirchlichen Wertschätzung der Diakonie willen immer wieder betonen muss. Erstens: anders als die Kirche und der Staat, die sich über Steuerleistungen finanzieren, ohne dass sie sich dafür auf einem Markt zu bewähren hätten, müssen die Einrichtungen der Diakonie sich ihr Geld auf einem Feld verdienen, auf dem es Konkurrenz gibt, wo um den Kunden konkurriert wird (siehe dazu auch unten das Kapitel „Konfliktfähigkeit. Refinanzierungen von Kirche und Diakonie“). Es gibt also einen Wettbewerb um die Arbeit für Behinderte, um die Arbeit für ältere Menschen, um die Arbeit für kranke Menschen. Es gibt Märkte, und dementsprechend müssen die diakonischen Einrichtungen sich verhalten. Das in der Diakonie verlangte Management unterscheidet sich kategorial von dem in den staatlichen und kirchlichen Verwaltungen verlangten Management. Obwohl das für alle, die mit der Diakonie vertraut sind, eine Binsenwahrheit ist, muss sie doch immer wieder betont werden.

Damit verbunden ist ein zweites Problem. Es besteht darin, dass die Diakonie in unternehmerischer Hinsicht ja nicht auf einem freien Markt agiert, sondern auf dem Sozialmarkt. Der Sozialmarkt funktioniert nur eingeschränkt nach den Regeln des freien Marktes, der über Angebot und Nachfrage den Preis steuert. Vielmehr ist der Sozialmarkt bestimmt dadurch, dass die öffentliche Hand die Nachfrage auf dem Sozialmarkt entsprechend der Finanz- und Sozialplanung in Bund, Ländern und Kommunen steuert. Sie vergibt die Aufträge zudem zunehmend an die preiswertesten Anbieter. Dadurch werden die Wohlfahrtsverbände und ihre Einrichtungen zu Wettbewerbern, die mit einer wachsenden Zahl kostengünstiger privater Anbieter mithalten müssen. Ihre Einrichtungen machen sich zum Teil auch gegenseitig Konkurrenz. Auch das ist eine Binsenwahrheit.

Die Diakonie ist also, das besagen diese Gemeinplätze, einerseits eine am Markt agierende unternehmerische Einrichtung. Andererseits kann sie am Markt nicht ganz so frei agieren wie rein marktwirtschaftlich orientierte Einrichtungen. Beides wirft die Frage auf, ob die Diakonie im Blick auf ihre Aktionsmöglichkeiten am Kapitalmarkt vergleichsweise große und bislang vielleicht noch nicht vollständig ausgeschöpfte Freiheiten hat.

Es ist klar, dass diese Frage umstritten ist, auch unter den in der Diakonie Tätigen. Aber es könnte ja sein, dass das Thema einer stärkeren Selbstfinanzierungsstrategie der Diakonie, einer stärkeren Lockerung ihrer Abhängigkeit von der Finanzierung durch die öffentliche Hand sie über kurz oder lang notgedrungen neu beschäftigen wird – und zwar dann, wenn die langfristig zu erwartenden Einschränkungen der öffentlichen Sozialhilfeleistungen realisiert werden. Sie werden dazu führen, dass die finanziellen Zuwendungen und damit die finanziellen Spielräume der diakonischen Einrichtungen zurückgehen, während gleichzeitig der Bedarf an diakonischen Sozialleistungen steigen wird. Es ist absehbar, dass unter diesen Aussichten noch einmal neu darüber nachzudenken sein wird, ob und wie sich der Handlungsspielraum von Finanzierungsmöglichkeiten der Diakonie mit dem Ziel der Eigenkapitalbildung ausweiten lässt.

2.

Nun ist die Assoziation zum finanziellen Kapital vielleicht die erste, aber doch nicht die einzige, die sich beim Thema „Diakonie und Kapital" einstellen dürfte. Man dürfte bald auch an das Symbolkapital denken, das den diakonischen Einrichtungen zu eigen ist. Der Begriff Symbolkapital ist von dem Soziologen Pierre Bourdieu geprägt worden. Bourdieu unterscheidet vier Kapitalsorten: ökonomisches Kapital, soziales Kapital (also das Maß der Teilhabe am Netz sozialer Beziehungen), kulturelles Kapital (z.B. ein bestimmter Bildungsstandard des Individuums) und eben symbolisches Kapital, also Reputation und Prestige als Zeichen gesellschaftlicher Anerkennung und sozialer Macht. Die Pointe dieser Unterscheidung besteht in der Einsicht, dass die Kapitalsorten sich – jedenfalls begrenzt – ineinander umtauschen lassen. Das ist leicht einsehbar: ökonomisches Kapital kann in Bildung investiert und also in kulturelles Kapital umgewandelt werden; soziales Kapital kann den Erwerb von ökonomischem Kapital begünstigen und so weiter.

In dieser Perspektive wird das Symbolkapital auch für diakonische Einrichtungen von Bedeutung. Das Symbolkapital der Diakonie besteht in ihrer Christlichkeit, also ihrer Bindung an das christliche Menschenbild, an die christliche Überlieferung und an das christliche Bekenntnis, an theologische Lehren und religiöse Praktiken. Es ist ein Symbolkapital, das die Diakonie zu pflegen und zu tradieren hat. Es hilft Individuen wie kollektiven Akteuren, den kleinen diakonischen Einrichtungen ebenso wie der Diakonie als christlicher Gesamtbewegung, ein Profil zu gewinnen und eine starke Identität auszubilden.

Eben diese starke Identität wird aus außenstehender Perspektive vielfach stärker wahrgenommen als aus der diakonischen Innenansicht. Konkurrierende Anbieter auf den Sozialmärkten sehen in der Diakonie (und übrigens auch in der Caritas) sogenannte starke Marken, die gerade wegen ihres Symbolkapitals erfolgreich sind. Manchmal neigt man dazu, das Potential dieses Symbolkapitals aus der diakonischen Innenansicht zu unterschätzen, manchmal gerät es vielleicht auch als das allzu Selbstverständliche ein wenig aus dem Blick. Dabei ist die Bedeutung, die dem Symbolkapital der Diakonie auf Seiten der Klienten und der Konkurrenten beigemessen wird, kaum zu überschätzen. Auf den modernen Sozialmärkten bedürfen diakonische Anbieter einer prägnant formulierten Unternehmensidentität. Diakonische Sozialunternehmen tun deshalb gut daran, ihre religiösen Prägungen als Symbolkapital zu verstehen, das Ressourcen für Mehrwertschöpfung darstellt.

Vertrauenswürdigkeit ist das Symbolkapital, das medizinische und pflegerische Einrichtungen der Diakonie immer noch in größerem Umfang besitzen als konkurrierende Anbieter, obwohl die Bedingungen des Agierens auf dem medizinischen und pflegerischen Markt vergleichsweise ähnlich sind. Wenn man die Frage stellt, warum diakonische Einrichtungen dieses Vertrauen genießen und möglicherweise auch verdienen, dann wird man vier bekannte Gründe in Erinnerung rufen dürfen.

Erstens: Diakonische Einrichtungen nehmen den einzelnen Menschen in den Blick und machen ernst mit dem Grundsatz, dass alle Handlungen des Christentums in letzter Konsequenz dem einzelnen Menschen dienen. Das schließt nicht aus, dass konkurrierende Anbieter möglicherweise einen ähnlichen Sinn für Individualität ausbilden können. Aber der christlichen Diakonie unterstellt man zu Recht, dass dieser Sinn für Individualität konstitutiv ist für ihr Selbstverständnis und für ihr Menschenbild.

Zweitens und damit zusammenhängend: Diakonische Einrichtungen betrachten ihre Hilfeleistungen nicht isoliert, sondern im Kontext der menschlichen Existenz als ganzer. Damit ist nicht nur der Grundsatz von der unverlierbaren Würde des gottebenbildlichen Menschen gemeint, sondern auch eine konkrete Ausrichtung der pflegerischen und medizinischen Handlungen, die sich beispielsweise darin zeigt, dass diese Handlungen in einem festen Zusammenhang stehen mit der größtmöglichen Bemühung um die Stärkung der Eigenverantwortung der Betroffenen und um Aufklärung der Betroffenen über die Voraussetzungen und Bedingungen der Linderung von physischer, psychischer, sozialer und ökonomischer Not. Die moderne Diakonie hat diese Bemühungen von ihren ersten Anfängen an verfolgt, das macht sie vertrauenswürdig.

Drittens: Diakonische Einrichtungen verdienen das Vertrauen der Betroffenen deswegen in besonderer Weise, weil sie keine auf sich selbst bezogenen Gewinn- oder

Nutzenoptimierungen anstreben. Sie partizipieren an dem Vertrauensvorschuss, den Schule und Universität, Kirche und Krankenhaus von Haus aus genießen – eben deshalb, weil sie nicht auf Nutzenoptimierung oder Gewinnmaximierung ausgerichtet sind.

Viertens: Medizinische und pflegerische Einrichtungen der Diakonie werden von den Betroffenen nicht als einzelne Einrichtungen wahrgenommen, sondern im Kontext mit jener sozialpolitischen Diakonie, die in den öffentlichen Debatten all denen Gehör verschafft, die sich selbst nicht zu Wort melden können. Das mögen Patienten in Kliniken und Pflegeeinrichtungen sein, es sind vielfach aber auch Pfleger und Ärzte und bisweilen diejenigen Menschen, die sich nicht staatlich bevormunden lassen wollen. Außer der Diakonie (und der Caritas) gibt es kein Sozialunternehmen, das sich unter ein und demselben Label politisch für die Aufhebung der Gründe einsetzte, die seinen ökonomischen Erfolg bedingen. Auch diese sozialpolitische Anwaltschaft der Diakonie dürfte ein Grund für das Vertrauen sein, das ihr entgegenbracht wird.

3.

Diakonie und Kapital, die Themenformulierung setzt dann aber auch eine dritte Assoziation frei. Neben dem finanziellen Kapital und dem Symbolkapital wird man auch an das Humankapital der Diakonie denken. Das ist ein hässlicher, wenngleich in den Wirtschaftswissenschaften eingespielter Begriff für die Mitarbeiter eines Unternehmens und ihre spezifischen Kompetenzen. Die Mitarbeiter zählen, auf eine nicht zu unterschätzende Weise, zum

Kapital der Diakonie, hier möchte man fast sagen: zum Reichtum der Diakonie.

Die diakonischen Einrichtungen haben eine ganz andere Art von Mitarbeitern, als sie beispielsweise Wirtschaftsunternehmen haben. Das liegt an der Herkunft der Mitarbeiter, es liegt vielleicht auch an ihren besonderen Interessen, Auffassungen und Haltungen. Mitarbeiter in der Diakonie haben gegenüber vielen Mitarbeitern bei anderen Anbietern auf den Sozialmärkten drei Vorzüge: Sie sind erstens gut ausgebildet, vor allem deshalb, weil sie gelernt haben, auf ihrem spezifischen Arbeitsfeld Einfühlungsvermögen auszubilden und dem Betroffenen zugutekommen zu lassen, ohne ihn durch Dauerfürsorge zu erdrücken. Mitarbeiter in der Diakonie sind sodann, zweitens, gut begleitet in ihrer Arbeitstätigkeit, in der sie diese Gratwanderung zwischen Helfen und Loslassen täglich aufs Neue und in neuen Konstellationen bewältigen müssen, einschließlich aller Ansprüche daran, sich selbst nicht verschlingen zu lassen. Und Mitarbeiter in der Diakonie haben drittens außergewöhnlich gute Fort- und Weiterbildungsmöglichkeiten.

Es gibt deshalb in der Diakonie weit überdurchschnittlich viele Mitarbeiter, die Diakonie als Beruf begreifen und nicht nur eine Pflegestelle als Job haben. Es gibt überdurchschnittlich viele Mitarbeiter, die sich als Individuen mit der Diakonie in stärkerem Maße identifizieren als sie es täten, wenn sie bei konkurrierenden Anbietern auf dem Sozialmarkt tätig wären. Mitarbeiter in der Diakonie sind stärker bereit, als einzelne Menschen für das Ganze der Diakonie einzustehen, sich nicht in oder hinter der Großorganisation zu verstecken, sondern sich mit ihr zu identifizieren.

Zielpunkt aller diakonischen Hilfe ist der einzelne Mensch, ist die Individualität des Menschen. Es ist mit einigem Selbstbewusstsein daran zu erinnern, dass das Spezifikum diakonischen Sozialhandelns sich nicht nur in der Ausrichtung an der Individualität des Hilfsbedürftigen zeigt, sondern auch die Wahrnehmung und Wertschätzung der Individualität des Hilfeleistenden. Diese Individualität besteht in der besonderen Qualifikation und in der besonderen Einsatzbereitschaft der Mitarbeiter. Individualität könnte mithin der Schlüsselbegriff der Diakonie also in doppelter Richtung sein: einmal im Blick auf den Hilfsbedürftigen, dann aber auch im Blick auf den Hilfeleistenden.

Allerdings schließt diese Hochschätzung der Individualität der Mitarbeiter die Verpflichtung ein, sie auch dann wahrzunehmen, wenn sie das Gefühl haben, in ihrer Arbeit nicht hinreichend gewürdigt zu werden; wenn sie das Gefühl haben, aufgrund ihrer reibungslos und störungsfrei geleisteten Arbeit tendenziell unsichtbar zu werden. Obwohl diakonische Einrichtungen in aller Regel ihre Mitarbeiter deutlich besser bezahlen als konkurrierende Anbieter, entsteht in der Öffentlichkeit immer wieder der Eindruck, dass Mitarbeiter der Diakonie extrem ausgebeutet werden würden.

Das hat zum Teil damit zu tun, dass die Debatten um den Dritten Weg von allen Seiten recht einseitig als Debatten um Arbeits- und Tarifrecht geführt wurden und noch werden. Stärker in den Blick kommen könnte wieder der Umstand, dass die Idee der Dienstgemeinschaft im Hintergrund des Dritten Weges steht und dass sich in dieser Idee der Grund für die starke Identifikationsbereitschaft der Mitarbeiter ebenso wie für die Hochschätzung der Mitarbeiter durch die Verantwortlichen in den diakonischen Einrichtungen ausdrückt (siehe dazu unten das Kapitel „Gemeinschaftsfähigkeit. Zur Idee der Dienstgemeinschaft“). Die Idee der Dienstgemeinschaft enthält unter anderem die Forderung, gemeinsame Überlegungen dazu anzustellen, wie die Unternehmenskulturen in den diakonischen Einrichtungen so gestaltet werden können, dass die Mitarbeiter sich in diesen Unternehmen auch in finanziell angespannten Zeiten wahrgenommen und geschätzt fühlen. Warum sollte im Bereich der Leitungsebenen der Diakonie, dort also, wo an verantwortlicher Stelle über die Zukunft und die Zukunftsfähigkeit der Diakonie nachgedacht wird, nicht sehr viel stärker wieder dies ins eigene Bewusstsein rücken und ins fremde Bewusstsein gebracht werden: dass ein zentrales Alleinstellungsmerkmal der Diakonie die Ausrichtung an der Individualität ist, an der Individualität des Hilfesuchenden, aber auch an der Individualität des Hilfeleistenden. Freiheit und Verantwortung sind hier die Schlüsselbegriffe. Freiheitssinn und Verantwortungsfähigkeit bringen die Mitarbeiter der Diakonie von Haus aus, aufgrund ihrer religiösen Sozialisation, vergleichsweise stärker als andere mit. Sodann: Mitarbeiter der Diakonie werden mehr als anderswo weiter zu freien und verantwortungsfähigen Mitarbeitern ausgebildet und als solche begleitet. Und schließlich: Freiheit und Verantwortung werden den Mitarbeitern der Diakonie stärker als anderswo zugetraut. Eben darin liegt der spezifische Wert des sogenannten Humankapitals der Diakonie.

4.

Nach den drei ersten Assoziationen zum Thema „Diakonie und Kapital" legt sich schließlich vielleicht noch eine vierte Assoziation nahe. Die Diakonie *braucht* nicht nur Kapital, das finanzielle; sie *hat* nicht nur Kapital, das symbolische und das humane, sondern die Diakonie als ganze *ist* selbst Kapital. Die Diakonie ist das Kapital der Kirche. In den EKD-Mitgliederbefragungen wird es alle zehn Jahre wieder vorgeführt: Bei der Frage nach den Erwartungen an die Kirche rangiert die Meinung, dass die Kirche etwas für Arme, Alte und Kranke tut, konstant auf den ersten Plätzen. Und auch in der gesellschaftlich-kulturellen Außenwahrnehmung profitiert die Kirche enorm von dem Nimbus ihrer sozialkaritativen Arbeit. Weder innerhalb noch außerhalb der Kirche wird dabei mit der angemessenen Deutlichkeit wahrgenommen, dass die Sozialhilfe, für die die Kirche geschätzt wird, zu weiten Teilen von der Diakonie geleistet wird. Die Diakonie ist das Kapital der Kirche, und zwar in symbolischer und sozialer, in kultureller und bisweilen, mittelbar, auch in ökonomischer Hinsicht.

Man muss mit einem solchen Hinweis keinen Kulturkampf zwischen Kirche und Diakonie anzetteln wollen. Aber manchmal scheint es doch so, als wüsste die Amtskirche bisweilen nicht, welchen Schatz sie in der Diakonie hat. Erlaubt sei hier nur ein einziges Beispiel. Eine der zentralen kybernetischen Einsichten der letzten Jahre bestand darin, dass die Kirche unter einer gewissen Milieuverengung leidet und dass die Zukunft der Kirche entscheidend davon abhängen wird, dass sie diese Milieuverengung überwindet. So richtig das ist: sollte man in diesen Debatten nicht stärker darauf hinweisen, dass die moderne Diakonie von ihren ersten Anfängen im 19. Jahrhundert bis in die Gegenwart eben dies erfolgreich getan hat: die permanent drohende kirchliche Milieuverengung zu überwinden – und zwar nicht dadurch, dass sie sich hilfsbedürftigen Schichten zuwandte, die von der Kirche auch erreicht werden konnten, sondern vielmehr dadurch, dass die Diakonie insgesamt seit bald zweihundert Jahren für die Realität eines gesellschaftlichen Christentums steht? Manches spricht ja dafür, die Erosionsprozesse des kirchlichen Christentums in der Moderne nicht linear als Verfall und Niedergang zu interpretieren, sondern zu sehen, dass das Christentum sich differenziert und in Kultur und Gesellschaft hinein diffundiert, also: dass es eine weniger eindeutig kirchliche Gestalt trägt, dafür aber vielfältige individuelle und gesellschaftlich-kulturelle Realisierungsgestalten findet. Gerade in einer solchen Perspektive wird man die Diakonie als Manifestation eines gesellschaftlichen Christentums sehen und schätzen, das heißt: als Manifestation eines von der Kirche keinesfalls unabhängigen, aber vor allem gesellschaftlich sichtbaren, gesellschaftlich bedeutsamen und gesellschaftlich unverzichtbaren Christentums. Die Diakonie hätte meines Erachtens allen Grund, dies mit einigem historisch und modernitätstheoretisch grundiertem Selbstbewusstsein als längst erzieltes Ergebnis vorzutragen dort, wo die Kirche sich fragt, wie sie Milieuverengung überwinden kann.

Zusammengefasst gesagt: Das Thema „Diakonie und Kapital“ ist ein Reizthema, aber es lohnt sich für die Diakonie, dieses Thema offensiv zu diskutieren. Denn es führt in die Mitte der Debatten um das Selbstverständnis der modernen, marktförmig agierenden Diakonie, es führt aber auch die Frage nach der vertrauensstiftenden Identität einer sich als christlich verstehenden Diakonie mit sich, es wirft die Frage nach den Ressourcen der Diakonie auf und es rückt die alte Frage nach dem Verhältnis zur Kirche in ein besonderes Licht. Diakonie und Kapital – das ist kein Thema, dem die Diakonie ausweichen sollte, sondern das sie in seiner ganzen Breite diskutieren sollte: Sie braucht Kapital, sie hat Kapital und sie ist Kapital.

Konfliktfähigkeit. Refinanzierungen von Kirche und Diakonie

Die Einnahmen der Kirchen und die Einnahmen der Diakonie verdanken sich bekanntlich zwei grundverschiedenen Finanzierungssystemen. Die Kirche finanziert sich weitgehend über Steuereinnahmen, die als Steuern per definitionem dadurch ausgezeichnet sind, dass sie als Pflichtzahlung weder eine Gegenleistung für zuvor erfahrene Leistungen darstellen noch auch den Leistungsempfänger zu bestimmten Gegenleistungen verpflichten. Natürlich interessieren sich die Öffentlichkeit und die Kirchenmitglieder dafür, was die Kirche mit ihrem Geld macht und es gibt hier ja auch verschiedene Formen der Veröffentlichung. Aber die Steuer ist doch eine Einnahme der Kirchen, aus der keine bestimmte Verpflichtung zu irgendeiner speziellen Ausgabe folgt. Das ist beim Staat und seinen Steuereinnahmen ja genauso.

Die Einrichtungen der Diakonie hingegen finanzieren sich dadurch, dass sie ihr Geld für konkrete Leistungen erhalten und auf einem Feld verdienen müssen, auf dem es Konkurrenz gibt. Die Diakonie finanziert sich dadurch, dass sie auf den Sozialmärkten die Konkurrenz übertrifft und Abnehmer für ihre Angebote findet. Das heißt, die Diakonie finanziert sich durch den erfolgreichen Verkauf ihrer Produkte auf einem umkämpften Markt.

Aus diesem grundlegenden Unterschied zwischen den Finanzierungssystemen der Kirche und der Diakonie folgt eine Reihe von Problemen, die im Folgenden diskutiert werden sollen. Dies sind erstens interne Probleme, die das Innenleben der Kirche bzw. der Diakonie betreffen; es gibt zweitens Probleme, die das Verhältnis von Kirche und Diakonie gemeinsam zum Staat auf der anderen Seite berühren. Und schließlich gibt es drittens Probleme, die das bilaterale Verhältnis von Kirche und Diakonie betreffen. Sie sollen nacheinander angesprochen werden.

1.

Für die Diakonie besteht das zentrale interne Folgeproblem ihres Finanzierungssystems darin, dass die Leiter von diakonischen Unternehmen am Markt agieren müssen, das heißt: sie müssen unternehmerisch denken und unternehmerisch handeln. Gleichwohl ist das Management diakonischer Unternehmen immer noch relativ ungeübt darin, unternehmerisch zu denken und zu handeln. Das hat verschiedene Gründe, nicht zuletzt ein doch immer noch tief sitzendes schlechtes Gewissen, das suggeriert, soziale Arbeit im Namen des Christentums habe selbstlos zu geschehen und dürfe nicht auf Eigennutz schielen. Aber Unternehmen der Diakonie sind längst dazu gezwungen und werden künftig noch mehr dazu gezwungen, sich am Markt zu verhalten und zu bewähren, gerade *damit* sie ihrem Auftrag und ihrem Selbstanspruch weiterhin gerecht werden können. Hier ist nicht nur an eine grundsätzliche Haltung gedacht, sondern damit sind ganz konkrete Bereitschaften und Möglichkeiten gemeint. Um nur drei Beispiele zu nennen: Diakonische Unternehmen müssen noch stärker als das heute der Fall ist die innere Bereitschaft und die äußere Möglichkeit haben, Rücklagen und Eigenkapital zu bilden. Zweitens, Diakonische Unternehmen müssen künftig noch sehr viel stärker als heute die Bereitschaft und die Möglichkeit haben, gegenüber Banken ihre Bonität zu beweisen. Drittens, Diakonische Unternehmen müssen stärker noch die Bereitschaft und die Möglichkeit haben, Transparenz zu zeigen, das heißt: Jahresabschlüsse mit Bilanz sowie Gewinn- und Verlustrechnungen und Geschäftsberichte zu erstellen und damit öffentliche Rechenschaft über ihr ökonomisches Handeln abzulegen. Ohne hier schon auf die Folgen für das Selbstverständnis der Diakonie eingehen zu können, müssen diese Punkte einleitend knapp festgehalten werden.

Anders sieht es für die Kirchen aus. So komfortabel die Finanzierung der Kirchen durch Steuern auf den ersten Blick und insbesondere aus der Perspektive von über den Markt gehetzten Diakonieunternehmern wirken könnte, so viele interne Probleme wirft sie doch zugleich auf. Gerade weil es sich bei den kirchlichen Steuereinnahmen um Zuwendungen der Mitglieder ohne die Verpflichtung zu konkreten Gegenleistungen handelt, stehen die Kirchen hier unter verstärktem Legitimationsdruck. Die Frage, was mit dem eingenommenen Geld geschieht, wird im Falle von Steuern energischer und mit kritischerem Unterton gestellt als im Falle von freiwilligen Abgaben oder Spenden. Dabei muss man gar nicht zuerst an den notorischen soupçon sogenannter Laizisten denken, die Rot-, Violett- oder Schwarzbücher auflegen. Ich denke vielmehr an die erhöhten Anforderungen, die die Kirchenmitglieder als leistungspflichtige *Steuer*zahler selbst stellen, indem sie gesteigerten Informationsbedarf haben über die Verwendung des eingenommenen Geldes, indem sie größtmögliche moralische Einwandfreiheit von kirchlichen Geldanlagen fordern und indem sie das Bedürfnis nach größeren Mitspracherechten bei der Verwendung der Kirchensteuer anmelden. Letzteres wird beispielsweise gar in den Leitlinien des kirchlichen Lebens der VELKD als ein dringendes Desiderat beschrieben.[1] Und nahezu jeder Flyer, jede Website der EKD oder der Landeskirchen, in denen es um die Frage der Verwendung der Kirchensteuer geht, versucht auf größtmögliche Weise schonend und abgemildert, um nicht zu sagen: verschämt den schlichten Umstand schönzureden, dass der weitaus größte Anteil der eingenommenen Kirchensteuern für Personalkosten, für den Erhalt kirchlicher Gebäude und für die Kirchenverwaltungen ausgegeben wird und ausgegeben werden muss. Da werden stattdessen der Bildungsauftrag der Kirche herausgestellt[2], ihre Sozialdienstleistungen, ihre Pflicht für den „Dienst der Gesellschaft"[3]. Die Verlegenheit, mit der die (noch einmal: notwendige und sinnvolle) tatsächliche Verwendung der kirchlichen Einnahmen kirchlicherseits stets vernebelt wird, ist unnötig und unklug; diese Verlegenheit dürfte aber nicht zuletzt erst deswegen entstehen, weil die Kirche ihre Einnahmen eben nicht leistungs- oder zweckbezogen erhält, sondern als Steuer. Denn das wirft seitens der Zahler die Frage nach der Verwendung umso dringender auf.

2.

Es ist evident, dass hinsichtlich ihrer Refinanzierungen sowohl die Diakonie als auch die Kirche sich in manifester Abhängigkeit vom Staat befinden. Allerdings sind die Formen dieser Abhängigkeit nicht identisch, sondern sie unterscheiden sich in Nuancen voneinander.

Die Diakonie, um zuerst von ihr zu sprechen, ist deswegen abhängig vom Staat, weil sie in unternehmerischer Hinsicht ja nicht auf einem freien Markt agiert, sondern auf dem Sozialmarkt. Dieser ist bestimmt dadurch, dass die öffentliche Hand die Nachfrage auf dem Sozialmarkt entsprechend der staatlichen Finanz- und Sozialplanung steuert. Abhängig ist die Finanzierung der diakonischen Unternehmen also vom politischen Willen der staatlichen Geldgeber sowie von den Verteilungsspielräumen, die die Entwicklungen der Steuereinnahmen zulassen.

Allerdings besteht diese Abhängigkeit auch umgekehrt, als Abhängigkeit des Sozialstaates vom Willen und der Fähigkeit der diakonischen Unternehmen, sozialstaatliche Aufgaben zu übernehmen. Wie an viele andere Träger der freien Wohlfahrtspflege auch haben Länder und Kommunen an diakonische Unternehmen sozialstaatliche Aufgaben inzwischen in einem so großen Umfang subsidiär übertragen, dass die staatliche Gesetzgebung und Mittelverteilung nicht ohne weiteres in einem nennenswerten Maß eingreifen kann, ohne die soziale und politische Stabilität zu gefährden. Natürlich werden staatlicherseits immer wieder neue Anforderungen an die Leistungsfähigkeit und unternehmerische Phantasie der diakonischen Unternehmen gestellt. Aber der gesetzlich garantierte Vorrang der freien vor der öffentlichen Wohlfahrtspflege und der Umfang, in dem die freie Wohlfahrtspflege, hier diejenige der Diakonie, sozialgesetzlich garantierte Ansprüche der Bürger einlöst, zeigt, dass die Abhängigkeit nicht einfach nur einseitig besteht. Plakativ gesagt: die Diakonie ist angewiesen auf die Finanzierung durch den Staat – aber der Staat ist zur Einlösung der gesetzlich verbrieften sozialen Ansprüche seiner Bürger umgekehrt angewiesen auf eine effiziente und erfolgreiche Diakonie. Das hat Konsequenzen für das Selbstverständnis, aber auch für das Selbstbewusstsein der Diakonie. Ich komme darauf zurück.

Etwas anders stellt sich die Abhängigkeit der Finanzierung der Kirche vom Staat dar. Einmal abgesehen von den Staatsleistungen, die keinen substantiellen Posten in den Einnahmehaushalten der Kirchen ausmachen, besteht diese Abhängigkeit insbesondere hinsichtlich der Kirchensteuer, und zwar in dreierlei Hinsicht.

Erstens sind die Kirchen in recht starkem Maße abhängig davon, dass die Finanzbehörden ihnen den Einzug und die Verwaltung der Kirchensteuer abnehmen; bekanntlich zwar gegen Gebühren aber doch erheblich kostengünstiger als eine kircheneigene Finanzverwaltung dies könnte. Schätzungen laufen darauf hinaus, dass eine kircheneigene Verwaltung 20 bis 30 % der Einnahmen verschlingen würde.[4]

Zweitens besteht die Abhängigkeit in der Koppelung der Kirchensteuer an das Einkommensteueraufkommen, und zwar in doppelter Hinsicht.[5] Zum einen ist das Aufkommen der Kirchensteuer abhängig von der finanzpolitischen Gestaltung der Einkommensteuer durch den Staat. Eine Herabstufung der finanzpolitischen Bedeutung dieser Steuer durch die staatliche Steuerpolitik, etwa durch die immer wieder diskutierte Verlagerung des Steueraufkommens von den direkten Steuern (insbesondere der Einkommensteuer) auf indirekte Steuern (insbesondere die Umsatzsteuer) führte indirekt und faktisch zu einer Verringerung der Kirchensteuereinnahmen.[6] Zum anderen ist das Aufkommen der Kirchensteuer abhängig von der Bereitstellung und Inanspruchnahme staatlich gewährter Steuerpräferenzen, insbesondere aller politisch gewollten, der gesellschaftspolitischen Umverteilung dienenden Steuerbegünstigungen. Wohnbauförderungen, Kilometerpauschalen, Investitionszulagen usw. schlagen sich nicht nur auf die Höhe der Einkommensteuer, sondern mittelbar eben auch auf die Höhe der Kirchensteuer nieder. Axel von Campenhausen bezeichnet das als „Huckepack-System", Jörg Giloy als die „Annexsteuer-Falle", in der die Kirchen mit ihrem von der Einkommensteuer abhängigen Kirchensteueraufkommen sich befänden.[7]

Schließlich drittens wird immer einmal wieder auf die Abhängigkeit des deutschen Kirchensteuersystems von europarechtlichen Regelungen hingewiesen.[8] Zwar dürfte mit gezielten Regelungen der europäischen Gesetzgebung zur Kirchensteuer in absehbarer Zeit nicht zu rechnen sein. Denn bei der Kirchensteuer handelt es sich um eine direkte Steuer, für die die Europäische Union eine Harmonisierungskompetenz nur für den Fall hat, dass das nationale System der direkten Steuererhebung das Funktionieren des gemeinsamen Marktes behindert. Das ist im Fall der deutschen Kirchensteuer kaum zu sehen. Aber denkbar sind gleichwohl nicht gezielte Wirkungen des Europarechts auf die Kirchensteuer, so etwa die Erhebung indirekter Steuern, die die Herabsetzung nationaler direkter Steuern wie der Einkommensteuer zur Folge haben könnten. Europarechtlich nicht ganz unproblematisch ist auch die Verpflichtung der Arbeitgeber, die Kirchensteuer im Auftrag des Staates entschädigungslos einzubehalten und an die Finanzbehörden abzuführen. Schließlich ist auch nicht ganz klar, wie lange die Erfassung der Religionszugehörigkeit im staatlichen Meldewesen und die Weitergabe der Meldedaten an die Kirchen vor den EU-Datenschutzrichtlinien Bestand hat.

Vergleicht man die Abhängigkeit der Kirchen vom Staat mit der Abhängigkeit der Diakonie vom Staat, so fällt ein signifikanter Unterschied ins Auge. Einerseits ist die Abhängigkeit der Kirche vom Staat bei weitem nicht so umfassend wie die Abhängigkeit der Diakonie vom Staat. Die Kirchen könnten im Extremfall darauf zählen, einen großen Teil der Kirchensteuer auch selbständig als Beiträge ihrer Mitglieder einzunehmen. Andererseits ist die finanzielle Abhängigkeit der Kirche vom Staat doch eine beunruhigend einseitige: der Staat hat, abgesehen von ideellen Motiven, keinerlei substantielles Eigeninteresse, zur Finanzierung der Kirchen beizutragen.

3.

Schließlich soll hingewiesen werden auf Folgeprobleme der unterschiedlichen Finanzierungsformen für das bilaterale Verhältnis zwischen Kirche und Diakonie. Ein wesentliches Problem dürfte darin bestehen, dass das Management einer öffentlichen Verwaltung wie einer kirchlichen Behörde und das Management eines Unternehmens, zu denen die modernen diakonischen Einrichtungen ja gehören, recht unterschiedliche Angelegenheiten darstellen. Die unterschiedlichen Finanzierungsformen führen teils direkt, teils indirekt zu unterschiedlichen Aufgaben des Managements und zu unterschiedlichen Anforderungen an die Manager. Sie verlangen völlig unterschiedliche Fähigkeiten und Prioritätensetzungen. Und darum haben das Management von diakonischen Unternehmen und das Management von kirchlichen Verwaltungen vielfach große Schwierigkeiten, einander verständlich zu machen. Zu lebendig sind die Klischees vom skrupellosen Diakoniemafioso hier und dem pfäffischen Kirchenbeamten dort.

Man sollte diese Schwierigkeiten nicht ignorieren, sondern ernst nehmen, weil sie Gründe haben. Und vermutlich kann man mit den Schwierigkeiten des gegenseitigen Verstehens gelassener und konstruktiver umgehen, wenn man sich vor Augen hält, dass sie ihre Ursachen nicht zuletzt in zunehmend auseinanderdriftenden, immer mehr sich differenzierenden Erfolgserwartungen an Manager in diakonischen Unternehmen und Manager in kirchlichen Einrichtungen haben – und wenn man sich vor Augen hält, dass die Chancen des Verstehens umso größer sind, je klarer man den Ursachen dieser Verstehensschwierigkeiten ins Auge blickt.

Zwar gibt es Stimmen, die an dieser Stelle mit großer Besorgnis warnen und mahnen, indem sie sagen: wer diese aus unterschiedlichen Finanzierungsformen resultierenden Unterschiede im Management von Kirche und Diakonie und die daraus resultierenden unterschiedlichen Erfolgserwartungen zu stark betone, der treibe Keile zwischen Kirche und Diakonie, was am Ende der Diakonie nur schaden würde, weil es zu einer Aufweichung des rechtlichen Verbundes von Kirche und Diakonie führen könnte. Dies würde, so heißt es, die Schutzfunktion des kirchlichen Selbstbestimmungsrechts auch für die ihr angeschlossene Diakonie leichtsinnig gefährden und damit zum Beispiel arbeitsrechtliche und steuerrechtliche Privilegien der Diakonie zur Disposition stellen.

Doch es ist nicht sicher, ob diese Argumente wirklich jenes Gewicht haben, das sie beanspruchen. Auf Seiten der Diakonie wird die enge Bindung an das Rechtssystem der verfassten Kirche inzwischen gelegentlich doch auch ambivalent gesehen.[9] Unbestritten ist und bleibt wohl überall, dass die Berufung auf das kirchliche Selbstbestimmungsrecht es der Diakonie ermöglicht, sich gegen sozialdirigistische Zumutungen des Staates zur Wehr zu setzen. Doch gegen privatwirtschaftliche Konkurrenzen auf dem Sozialmarkt hilft die Bindung an das kirchliche Selbstbestimmungsrecht nur wenig. Insofern hat sich die Situation für die Träger der frei gemeinnützigen Wohlfahrtspflege im letzten Jahrzehnt dramatisch verändert. Für die Diakonie ist doch hier und da die Frage entstanden, ob die Einbeziehung in das kirchliche Selbstbestimmungsrecht nicht zunehmend ihre Konkurrenzfähigkeit gegenüber privatwirtschaftlichen Anbietern erschwert. Dabei wird beispielsweise die enge Bindung an das kirchliche Arbeitsrecht dort als hinderlich empfunden, wo der von einzelnen Dienstgebern als Lösung einrichtungsindividueller wirtschaftlicher Probleme zuweilen bevorzugte Haustarifvertrag mit der Gewerkschaft ausgeschlossen ist. Umstritten ist bisweilen auch, ob ein Träger, der sich an einer Trägerschaft außerhalb des Diakonischen Werks beteiligt, noch die kirchlichen Zuordnungskritierien erfüllt. Kooperationsverhandlungen mit kommunalen oder staatlichen Trägern werden gelegentlich erschwert durch die Geltung der sogenannten Anfallklausel. Auch wenn es in Kooperationsgesprächen um Majoritäten in Einrichtungsvorständen geht, kann die enge Bindung an das kirchliche Rechtssystem als ein goldener Käfig erlebt werden.[10] All diese Fragen sind schon vor bald fünfzehn Jahren sehr offen angesprochen worden.[11]

Diese Punkte werden nicht erwähnt, um Revolutionen anzuzetteln. Sie werden genannt, weil sie ihre tiefsten Gründe in den unterschiedlichen Refinanzierungssystemen von Kirche und Diakonie und dem daraus resultierenden unterschiedlichen Anforderungen an das Management von Kirche und Diakonie haben. Kirche und Diakonie tun sich *je selbst*, sie tun sich *gegenseitig* und sie tun sich *miteinander* keinen Gefallen, wenn sie diese Unterschiede, ihre Gründe und ihre Konsequenzen tabuisieren. Unterschiedliche Finanzierungssysteme haben nun einmal im Laufe der Jahrzehnte und unter den Bedingungen zunehmender Differenzierung zu Unterschieden im Management von Kirche und Diakonie geführt, die sich nur dann konstruktiv bewältigen lassen, wenn man ihnen entschlossen ins Auge blickt.

Wenn man heute nach den Gründen für die Zusammengehörigkeit von Kirche und Diakonie fragt, dann wird man diese Gründe für das wechselseitige Aneinandergebundensein immer weniger auf der institutionellen Ebene finden. Hier zeigt sich eine relative institutionelle und organisatorische Verselbständigung von Kirche und Diakonie. Man wird die Gründe für das wechselseitige Aneinandergebundensein viel eher auf einer ideellen Ebene finden, weil Kirche und Diakonie wechselseitig füreinander Glaubwürdigkeit und gesellschaftliche Anerkennung produzieren. Plakativ gesagt: Die Kirche genießt ihr gesellschaftliches Ansehen nicht zuletzt deswegen, weil sie sich in den Augen der Öffentlichkeit um die Armen, Alten, Behinderten und Kranken kümmert. Und die Diakonie genießt ihr gesellschaftliches Ansehen nicht zuletzt deswegen, weil aufgrund ihrer Nähe zur Kirche unerschütterlich ihre Christlichkeit vorausgesetzt wird. Der konstruktive Umgang mit der immer schwerer abzuweisenden institutionellen Ausdifferenzierung und organisatorischen Verselbständigung wird weder durch Leugnungen dieser Unterschiede erreicht noch durch wechselseitige Drohgebärden, sondern nur durch die vernünftige Einsicht, dass die Gründe für die Zusammengehörigkeit, ja: für das wechselseitige Aufeinanderangewiesensein von Kirche und Diakonie zunehmend weniger auf der institutionellen Ebene gefunden und eingeklagt werden können, sondern dass diese Gründe auf einer ideellen Ebene liegen, auf der Kirche und Diakonie wechselseitig füreinander Glaubwürdigkeit und gesellschaftliche Anerkennung produzieren.

4.

Alle drei oben angesprochenen Problemebenen – interne Probleme, Probleme im Verhältnis zum Staat, Probleme im bilateralen Verhältnis zwischen Kirche und Diakonie – weisen auf dieselbe, wenig originelle, aber offensichtlich drängende Grundfrage, nämlich die nach dem Selbstverständnis der Diakonie im Horizont ihres Refinanzierungssystems. Diese Frage stellt sich als Frage nach der *Glaubwürdigkeit einer sich als christlich verstehenden und zugleich unternehmerisch handelnden Diakonie.*

Diakonische Einrichtungen genießen ein allgemein gesellschaftliches Vertrauen ebenso wie das Vertrauen ihrer Klienten deswegen, weil sie keine auf sich selbst bezogenen Gewinn- oder Nutzenoptimierungen anstreben. Diakonische Einrichtungen partizipieren hier völlig zu Recht an dem Vertrauensvorschuss, den auch die Kirche genießt – eben deshalb, weil sie nicht auf Nutzenoptimierung oder Gewinnmaximierung ausgerichtet ist, sondern ihre Anstrengung in den Dienst einer Idee stellt, der Idee des Christentums. Die Diakonie ist glaubwürdig, weil sie im Namen des Christentums handelt und nicht auf eigene Rechnung.

Aber, und darauf kommt es entscheidend an: die Diakonie riskiert diese Glaubwürdigkeit nicht durch das Eingeständnis unternehmerischen Handelns. Im Gegenteil! Die Diakonie bestätigt und bekräftigt diese Glaubwürdigkeit sogar, wenn sie deutlich zu sagen vermag, dass sie aufgrund veränderter Lagen am Sozialmarkt und im Refinanzierungssystem inzwischen gezwungen ist zu unternehmerischem Handeln – und wenn sie deutlich zu zeigen vermag, dass sie diesem von außen gesetzten Zwang zum unternehmerischen Handeln nicht aus dem Weg geht, sondern diesen Zwang auf sich nimmt und auf sich nehmen kann. Die Diakonie gefährdet ihre Christlichkeit nicht und sie gefährdet auch die Glaubwürdigkeit der Kirche nicht dadurch, dass sie unternehmerisch handelt.

Natürlich soll das, um es gleich klar zu sagen, keine Rehabilitation der sogenannten „schwarzen Schafe“ in den diakonischen Unternehmen sein, die den Bogen des unternehmerischen Handelns eigennützig überspannen. Aber ebenso klar muss man sagen, dass es nicht angeht, eben wegen dieser schwarzen Schafe das unternehmerische

Handeln der Diakonie in toto unter Generalverdacht zu stellen. Die Diakonie sollte sich diesen Generalverdacht auch nicht gefallen lassen, sondern deutlich und selbstbewusst sagen, dass sie ihre Glaubwürdigkeit durch das klare Eingeständnis ihres unternehmerischen Handelns nicht etwa riskiert, sondern im Gegenteil erst gewinnt.

Denn die Diakonie beweist die Ernsthaftigkeit ihres Interesses am Menschen und am christlichen Menschenbild dadurch, dass sie dieses Interesse nicht aufgibt, wenn die Bedingungen am Markt sich ändern und es dort anstrengend wird, sondern dadurch, dass sie sich durch diese Veränderungen der Bedingungen nicht von ihrem Interesse am Menschen und am christlichen Menschenbild abbringen lässt.

Es gibt also gar keinen Grund für das doch immer noch relativ weit verbreitete schlechte Gewissen über das unternehmerische Handeln der Diakonie, es gibt keinen Grund, das Maß und die Bedeutung des unternehmerischen Handelns in den diakonischen Einrichtungen verlegen zu kaschieren. Im Gegenteil: der Nachweis, dass die Diakonie sich auf die ihr von außen gestellten Marktbedingungen unternehmerisch offensiv und kreativ einstellt, verschafft ihr gerade Glaubwürdigkeit deswegen, weil er demonstriert, dass die Diakonie es ernst meint mit ihrem sozialkaritativen Interesse, unter allen Umständen.

Es ist darum auch nötig, dem innerhalb der Diakonie und außerhalb der Diakonie, innerhalb der Kirchen und außerhalb der Kirchen immer wieder artikulierten soupçon gegen das unternehmerische Handeln in der Diakonie entschlossen und selbstbewusst entgegenzutreten. Immer wieder müssen in der Diakonie Tätige sich anhören, dass die Diakonie im Sog der Ökonomisierung ihr

Proprium zu verlieren drohe, dass die Sinnhaftigkeit diakonischen Hilfehandelns unter der neoliberalen Mentalität der betriebswirtschaftlichen Modernitätslust untergehe, dass der Spagat zwischen Geld und Geist nicht mehr gelinge, dass Ökonomie an die Stelle der Spiritualität getreten sei und so weiter und so fort. Man muss dem gegenüber deutlich sagen: in derlei Bedenken artikuliert sich das Programm einer Diakonie, die bei Schwierigkeiten in der Welt aus der Welt hinausliefe anstatt die Schwierigkeiten in der Welt auch in der Welt bestehen zu wollen. Derlei Vorhaltungen formulieren das Programm einer gesinnungsethisch agierenden Diakonie, die um vermeintlich reinen Lehre willen sich den Realitäten der Welt verweigerte. Eine solche Diakonie erhielte weder gesellschaftliche Glaubwürdigkeit noch das Vertrauen ihrer Klienten, weil sie zeigte, dass sie der Veränderung gesellschaftlicher, sozialer, ökonomischer Rahmenbedingungen nicht gewachsen wäre, und schlimmer noch: eine solche Diakonie verdiente gesellschaftliche Glaubwürdigkeit und das Vertrauen ihrer Klienten auch gar nicht, weil sie demonstrierte, dass ihr die Wahrung von vermeintlich selbstverständlichen Grundsätzen wichtiger sei als die Bereitschaft zur tätigen Hilfe unter von außen gesetzten, schwierigen Bedingungen.

Umgekehrt wird ein Schuh daraus. Die diakonischen Einrichtungen verdienen Vertrauen und Glaubwürdigkeit genau dann, wenn sie zeigen können, dass sie den von außen aufgezwungenen, schärfer gewordenen Bedingungen am Sozialmarkt gewachsen sind und sie mit unternehmerischer Professionalität bewältigen, eben um ihren christlichen Auftrag einzulösen. Sie zeigen, dass sie es ernst meinen mit der Selbstverpflichtung zur Hilfe im Namen und im Geist des Christentums, auch unter schwerer werdenden finanziellen Bedingungen.

Die Diakonie ist daher also gut beraten, um der Glaubwürdigkeit und der Vertrauenswürdigkeit ihres christlichen Anliegens der Nächstenliebe willen die Kunstregeln ökonomischer Effizienz nicht nur entschlossen anzuwenden, sondern dies auch deutlich zu zeigen.

Genau genommen müsste man sogar sagen: diakonische Einrichtungen können und sollen zeigen, dass sie keine Anstrengungen scheuen, die Grundgesetze betriebswirtschaftlicher Rationalität besser zu beherrschen als andere, wenn dies der Einlösung ihres christlichen Anliegens dient. Diakonische Einrichtungen sollten anstreben, die Logiken des Marktes besser zu beherrschen als konkurrierende Anbieter und sie sollten dies auch offensiv herausstellen und damit zeigen, welche Anstrengungen sie in Kauf nehmen, um ihren christlichen Auftrag einzulösen. Also: diakonische Einrichtungen sollten Ressourcen effizienter nutzen als andere Anbieter und sie sollten dies auch zeigen. Diakonische Einrichtungen sollten transparenter sein als andere Anbieter. Diakonische Anbieter sollten sich in der Vielfalt marktförmiger Finanzierungsformen gewandter bewegen als andere Anbieter und sie sollten dies auch darlegen. Denn, noch einmal: Sie demonstrieren mit all dem, dass sie ihre Selbstverpflichtungen ernst nehmen, im Namen des Christentum in der Welt zu helfen, auch dann, wenn die Welt nicht ganz so ist wie sie sein sollte im Sinne des Christentums; auch dann, wenn die Bedingungen, die die Welt für die christliche Hilfe setzt, suboptimal sind. Auch diese Bedingungen sind ja nicht so, wie es wünschenswert wäre – aber das ist für die Diakonie kein Anlass, zurückzuschrecken, sondern die Diakonie zeigt, indem sie diese Bedingungen als Herausforderungen ernst nimmt und meistern will, dass es ihr mit ihrem Anliegen ernst ist. Auf diesem Wege wird Glaubwürdigkeit produziert, weil signalisiert wird: Die Diakonie gibt nicht auf, wenn die Bedingungen ihrer Refinanzierung am Markt ihr zunehmend größere Phantasien und Flexibilitäten abfordern und sie sich obendrein noch Krach mit den Vertretern der reinen Lehre einhandelt, sondern sie lässt sich etwas einfallen.

Wer über unterschiedliche Finanzierungssysteme spricht, wird schnell auf die Fundamente des Verhältnisses von Kirche und Diakonie geführt. Man kann das unerschrocken feststellen, weil klar ist, dass Diakonie und Kirche einander nicht lassen können und nicht lassen wollen, auch dann, wenn die Logik des öffentlichen Dienstes bisweilen mit der Logik des betriebswirtschaftlichen Unternehmens kollidiert. Man kann das Gespräch aber auch deswegen recht entspannt führen, weil wir inzwischen besser als noch vor zwanzig Jahren wissen, dass die Diakonie ein christliches Geschäft ist, das sich in weltlichen Ordnungen bewähren muss – um ihrer christlichen Selbstverpflichtung willen.

Pluralitätsfähigkeit. Diakonie im Kontext religiöser und kultureller Vielfalt

Wozu braucht die diakonische Praxis die Theologie? Vor allem, um sich selbst besser zu verstehen. Die Theologie hat insofern eine hermeneutische Funktion für die diakonische Praxis. Sie liefert in erster Linie Unterscheidungen, Differenzierungen. Aber dann und wann hat die Theologie auch Begründungen zu liefern – Begründungen für (oder gegen) bestimmte diakonische Praxisformen.

Die Frage nach der Diakonie im Horizont religiöser und kultureller Pluralität ist eine solche Frage, die von der Theologie *Begründungen* bestimmter Praxisformen verlangt. Denn es steht ja nicht zuletzt die Frage nach der theologischen Legitimität bestimmter Praxisformen im Hintergrund: Darf man als evangelische Einrichtung auf religiöse und kulturelle Pluralität so weit eingehen, wie es hier und da geschieht oder erwartet wird? Welche theologischen Gründe lassen sich dafür anführen? Klar ist, dass zwar die jeweilige diakonische Arbeit gut ist – gut zum Beispiel deswegen, weil sie den Betroffenen nützt oder weil sie auf eine bestimmte Lage angemessen reagiert oder weil sie Sachzwängen folgt – aber diese gute Arbeit wird doch bisweilen mit einer leichten Unsicherheit im Hinterkopf geleistet: hält das alles noch theologischen Betrachtungen stand?[1]

Im Folgenden soll keine Begründung von oben herab geliefert werden, sondern es soll die Frage nach der spezifisch christlichen, ja: nach der spezifisch protestantischen Identität der Diakonie im Horizont ihrer Öffnung für kulturelle und religiöse Pluralität am Beispiel faktischer Praxis diskutiert werden.

Dazu blicke ich in die Praxis des Umgangs mit Mitarbeitern, die keiner ACK-Mitgliedskirche angehören, also eine gewisse religiöse oder kulturelle Distanz gegenüber dem diakonischen Dienstgeber wahren. Das ist nicht nur ein Praxisproblem, das ohnehin hohe Relevanz genießt, sondern es ist auch ein Praxisfeld, auf dem erhebliche Fragen für die evangelische Identität der Diakonie ipso facto längst beantwortet sind – und zwar in einer theologisch gut begründeten Weise beantwortet sind, wie sich zeigen wird. Die *Pragmatik* auf diesem Feld des Umgangs mit nicht kirchlich gebundenen Mitarbeitern beantwortet die Frage nach der *Programmatik* in einer theologisch sehr anspruchsvollen Weise und zugleich in einer Weise, die sich leicht auf die Grundfrage nach der Identität der Diakonie im Horizont kultureller und religiöser Pluralität ausweiten lässt.

Das soll in acht Gedankenschritten entfaltet werden. Dabei wird ein Bogen abgeschritten von der reformatorischen Lehre zur Identität Kirche bis hin zu den Leitungsaufgaben, die mit der Offenheit der Diakonie für religiöse und kulturelle Pluralität verbunden sind. Doch eine Vorbemerkung ist noch nötig. Die Frage, wie die theologisch-dogmatischen Bestimmungen, die ich im Folgenden heranziehe und interpretiere, sich verrechtlichen lassen, also in gültiges Kirchenrecht überführen lassen, ist eine Frage, die außerhalb meines Themas liegt und die ich nicht primär im Blick habe.[2] Die folgenden Erwägungen verstehen sich lediglich als theologische Vorüberlegungen zu einer gegebenenfalls zu leistenden rechtlichen und praktischen Ausgestaltung dieser Spielräume.

1.

Begonnen werden soll mit der Erinnerung an eine Forderung, die häufig zu hören ist: von den Mitarbeitern der Diakonie, gerade von den kirchlich nicht gebundenen Mitarbeitern der Diakonie müsse, so heißt es häufig, ein Bekenntnis zur Diakonie verlangt werden können.

Ein Bekenntnis: Das klingt auf den ersten Blick plausibel. Aber wirklich nur auf den ersten Blick, denn man fragt sich ja sofort: wie könnte ein solches Bekenntnis, ein Bekenntnis zu einer Institution wie der Diakonie, sinnvoll aussehen? Um der Sache auf die Spur zu kommen, lohnt sich der Blick in die protestantische Dogmatik. Dort ist das Problem ausführlich erwogen, und zwar im Zusammenhang der Frage, was die Kirchenzugehörigkeit des einzelnen ausmache. Die Grundzüge finden sich schon in den Lehrbildungen der Reformation. Daran sei kurz erinnert, bevor diese Gedanken auf die Zugehörigkeit zur Diakonie bezogen werden.

In der Confessio Augustana, der 1530 entstandenen, grundlegenden Selbstauskunft der neuen reformatorischen Lehre, wird zunächst die Frage, was die Kirche sei, ausgesprochen formal und kurz beantwortet: die Kirche, so heißt es im siebenten Artikel, ist die Versammlung aller Gläubigen, bei denen das Evangelium rein gepredigt wird und die heiligen Sakramente laut dem Evangelium gereicht werden. Das ist knapp und konsequent. Der reformatorische Kirchenbegriff bringt damit die Folgen der Rechtfertigungslehre auf dem Gebiet des Kirchenverständnisses zur Geltung. Er konzentriert die Kirche auf die unter Wort und Sakrament versammelte Gemeinde, die sich im Glauben als Volk Gottes begreift. So entsteht die Kirche stets und immer von neuem *in der Praxis* des kirchlichen Lebens dadurch, dass Einzelne sich unter Wort und Sakrament stellen.[3] Wort und Sakrament sind als die Instrumente des Heiligen Geistes zu verstehen, und also wird die Kirche, die sich in der Versammlung unter Wort und Sakrament bildet, genau diese formale Verfassung als notwendig und hinreichend für ihr eigenes Bestehen und für die Zugehörigkeit der Einzelnen zu ihr halten. Die Kirche entsteht, darauf kommt es den Reformatoren entscheidend an, nicht durch die Zustimmung ihrer Mitglieder zu einem festgelegten Programm. Die Kirche ist auch nicht eine bloße Gesinnungsgemeinschaft, die in gemeinsamen Überzeugungen ihrer Mitglieder begründet wäre. Deshalb muss sie auf alle Zugehörigkeitsbedingungen verzichten, die über das Glaubensbekenntnis hinaus die Mitgliedschaft in der Kirche identifizierbar machten. Die Kirche und die Zugehörigkeit zu ihr sind ganz aus dem Rechtfertigungsgeschehen heraus zu verstehen, und dieses die Kirche sowie die Zugehörigkeit zu ihr begründende Rechtfertigungsgeschehen kann weder durch zusätzliche dogmatische Sätze noch durch Aktionen des Gemeindelebens limitiert oder dingfest gemacht werden. Zwar soll und kann natürlich der Rechtfertigungsglaube in solchen Lehrsätzen oder Lebensformen zum Ausdruck kommen. Sie sind Zeichen dieses Rechtfertigungsgeschehens. Aber diese Zeichen können nicht zur Bedingung ihres Grundes, des Rechtfertigungsgeschehens, gemacht werden.

Das hat in der protestantischen Kirchengeschichte zu zwei bedeutsamen Folgen geführt. Erstens musste die Praxis der reformatorischen Kirche auf jede Form innerer oder äußerer Eindeutigkeit, die mehr wäre als die Eindeutigkeit von Wort und Sakrament, verzichten. Zwar hat es immer wieder Unzufriedenheit mit dieser Minimalbestimmung gegeben und Bestrebungen, eine solche weitergehende Eindeutigkeit irgendwie herzustellen. Aber diese Bestrebungen haben sich auf Dauer nie gegen die aus dem Rechtfertigungsgeschehen gut begründeten formalen Minimalbestimmungen des evangelischen Kirchenbegriffs durchsetzen können. Denn sie hätten faktisch stets eine Zurücknahme der Zentralstellung des Rechtfertigungsgedankens bewirkt.

Die zweite Folge ist ebenso bedeutsam. Sie betrifft die Zugehörigkeit des Einzelnen zur Kirche. Die Bedingungen dieses Zugangs sind formal heruntergeschraubt: Wer sich zur Kirche hält, indem er – etwa bei seiner Taufe – das Bekenntnis nachspricht (oder stellvertretend durch seine Paten nachsprechen lässt), der gehört dazu. Es gibt keine irgendwie inhaltlich bestimmten Voraussetzungen, die erfüllt sein könnten. Die äußerliche und ganz formale Erklärung der Zugehörigkeit reicht aus. Zugleich ist die inhaltliche Ausfüllung dieses Verhältnisses ins Individuum verlagert. Es geht nicht mehr (wie in der katholischen Kirche) an, sich auf den Glauben der Kirche zu berufen. Der Einzelne muss nach evangelischem Verständnis für sich selbst sein eigenes und von ihm verantwortetes Verhältnis zur

Kirche ausbilden. Er hat das geistliche Recht auf ein eigenes und selbstständiges Verhältnis zur Kirche, das die Notwendigkeit der selbständigen inhaltlichen Ausfüllung dieses Verhältnisses begründet.

Aber, und das ist das Entscheidende: die inhaltliche Ausfüllung dieses Verhältnisses kann im Protestantismus nicht irgendwie vorgeschrieben, festgestellt oder überprüft werden. Auch das ist eine Konsequenz der Rechtfertigungslehre. Wie der Einzelne dieses Verhältnis bestimmt oder führt, bleibt ihm selbst überlassen. Verantwortlich ist er Gott und sich selbst – aber nicht der Kirche oder ihren Repräsentanten. Bisweilen ist das, vor allem seitens der kirchlichen Repräsentanten, als unbefriedigend empfunden worden und man hat Versuche der inhaltlichen Fixierung oder auch der Kontrolle dieser Verhältnisbestimmungen, die der einzelne vornimmt, unternommen. Aber es ist doch stets schnell klar geworden, dass all solche Versuche faktisch immer einen Widerspruch gegen den protestantischen Kerngedanken von der Rechtfertigung des Einzelnen durch Gott allein aus Gnade darstellen mussten. Und um diesen Kerngedanken nicht preiszugeben, hat man im Protestantismus die Einsicht akzeptiert, dass die *ecclesia visibilis* eben ein *corpus permixtum* darstellt, das außer wahrhaft Gläubigen auch falsche Christen, Heuchler und Sünder enthält (CA VIII). Und die Unterscheidung zwischen den wahrhaft Frommen und den falschen Frommen ist im Protestantismus Sache Gottes, nicht der Kirchenleitung.

Auf zwei naheliegende Versuche einer solchen inhaltlichen Näherbestimmung und die Entgegnungen, die sie erfahren haben, sei noch kurz eingegangen.

Der erste Versuch bestand in der Interpretation, dass ja schließlich das Mitsprechen des Glaubensbekenntnisses schon die Zustimmung zu dessen Inhalten erkennen lasse, und dass darum ein Kriterienkatalog gegeben sei, an dem die Rechtgläubigkeit des Einzelnen gemessen werden könnte. Demgegenüber hat die protestantische Lehrbildung immer wieder geltend gemacht, dass die Zustimmung zu einem Bekenntnistext, etwa die Zustimmung zum Apostolicum als Ausdruck des Glaubens, unmöglich die Zustimmung zu allen seinen *Inhalten* bedeuten könne, sondern stets nur die Zustimmung zum Bewusstsein, in dem das Bekenntnis verfasst sei oder zum Geist, der aus dem Bekenntnis spreche. Alles andere widerspräche wiederum der Rechtfertigung allein aus Glauben: Das Glaubensbekenntnis ist die Antwort auf die Erfahrung der Geistgewirktheit, der Geschenktheit des Glaubens, nicht aber die Antwort auf eine etwaige Forderung nach inhaltlicher Besiegelung. Auch einer solchen Zustimmung durch das Mitsprechen des Glaubensbekenntnisses ist also bewusst ein stark formaler Charakter zugeschrieben worden: mehr ist im Protestantismus nicht möglich, weil es in die Glaubensführung des Einzelnen eingriffe.

Der zweite Versuch besteht in der Forschung nach den Motiven, die den Einzelnen zu seiner Kirchenzugehörigkeit bewegen könnten. Warum glaubst Du? Schlimmer noch: Warum möchtest Du dazu gehören? Am allerschlimmsten: Warum glaubst Du, dass Du dazu gehörst? Auch solchen Motivforschungen ist im Protestantismus der Riegel vorgeschoben, auch sie sind Einmischungen in die Glaubensführung des Einzelnen, der Gott und sich selbst verantwortlich ist, aber nicht dem Kleriker. Vor allem aber kann nicht verlangt werden, dass der Einzelne über dieses sein individuelles und hochpersönliches Gottesverhältnis in sprachlich reflektierter Form Auskunft geben muss. Nein, er *wird* für sich selbst wissen und er *muss* für sich selbst wissen, wo die inneren Gründe seines Zugehörigkeitsgefühls liegen. Der Institution hingegen muss die Erfüllung der äußeren, der formalen Gründe genügen. Das ist ein eherner Grundsatz.

Am deutlichsten und eindrücklichsten ist er von Luther im Traubüchlein 1529 formuliert worden – in einem etwas anderen Zusammenhang, aber für unsere Frage von zentraler Aussagekraft: „So jemand vom Pfarrherrn Gebet und Segen verlangt, zeigt er damit an, in welcher Fahr und Not er sich befindet, wenn ers gleich mit dem Munde nicht bekennet."[4] Motivforschungen finden nicht statt. Wer durch einen äußerlichen, formalen Akt signalisiert, dass er dabei ist, ist auch dabei.

2.

Man könnte die Überlegungen hier abbrechen und sagen: wenn die Taufe als formaler Grund der Zugehörigkeit zur Kirche ausreicht, dann kann man doch von den Mitarbeitern der Diakonie verlangen, dass sie sich taufen lassen und die Probleme wären gelöst. Doch das wäre ein Kurzschluss. Abgesehen davon, dass die Taufe damit einen Zwangscharakter bekäme, der weder der Taufe noch der Kirche noch der Diakonie noch der Gedeihlichkeit des Verhältnisses zu dem Mitarbeiter dienlich wäre, wäre mit einer solchen erzwungenen Taufe auch überhaupt nichts gewonnen. Denn sie löste die innerdiakonische Pluralität gar nicht auf und sie führte auch nicht zu einer Identität der Diakonie. Man gewönne mit solchen Zwangstaufen gar nichts, aber man verlöre viel. Vor allem verliert man den Blick auf die inneren Freiheitsspielräume, die die reformatorischen Bestimmungen eröffnen. Darum möchte ich diese vermeintliche Abkürzung hier nicht nehmen. Sie führt in eine Sackgasse. Die Sache ist komplizierter.

3.

Durch die reformatorischen Bestimmungen ist eine Vielzahl von individuellen Formen der Kirchenmitgliedschaft ermöglicht und legitimiert. Es gibt ganz unterschiedliche Weisen, die formal und eben *ausschließlich* formal begründete Kirchenmitgliedschaft inhaltlich auszufüllen. Es legt sich nun nahe, die reformatorischen Vorstellungen zur Mitgliedschaft in der Kirche auch auf die Frage nach der Zugehörigkeit zur Diakonie anzuwenden. Das gilt umso mehr, als die moderne Diakonie, im religionssoziologischen Sinne, ja längst nicht mehr eine Kommunitätendiakonie ist und auch keine Vereinsdiakonie, sondern volkskirchliche Diakonie. Das heißt: in ihren Einrichtungen und Unternehmungen spiegelt sich die religiös und christlich nur noch sehr schwer auf eine einheitliche inhaltliche Bestimmung zu bringende Vielfalt der Kirchenmitgliedschaft ab.[5]

So vielfältig die Motivkonstellationen für die Kirchenmitgliedschaft sind, so vielfältig sind auch die Motivkonstellationen derjenigen, die beruflich in der Diakonie tätig sind. Im reformatorischen Sinne ist das auch völlig legitim. Schon wenn man nur ganz grob zu unterscheiden versucht, wird man *bereits bei den kirchlich gebundenen*

Mitarbeitern der Diakonie mindestens drei Gruppen finden, die ganz unterschiedlichen Motivbündeln folgen.[6] Die einen verstehen ihren Dienst explizit als praktische Realisierung ihres individuellen christlichen Glaubens, als Dienst im Auftrag des Herrn Jesus Christus. Sie tun ihre Arbeit aus innerer Berufung und wollen Gehilfen Gottes sein zum Heil des hilfebedürftigen Nächsten. – Eine zweite Gruppe unter den kirchlich gebundenen Mitarbeitern arbeitet in diakonischen Einrichtungen, weil sie mit Menschen und für Menschen arbeiten will – und zwar in einem Klima, das durch persönliche Wärme, durch persönliche Nähe und durch den Sinn für die Individualität der hilfebedürftigen als auch der helfenden Menschen gekennzeichnet ist. Diese Mitarbeiter wollen ihre Persönlichkeit vielseitig entfalten und wollen hilfsbedürftige Menschen vielseitig ansprechen. Sie wollen nicht unter dem Druck einseitiger Beanspruchung verkümmern. Sie finden das entsprechende Klima, die Hintergrundvoraussetzungen solcher Arbeit, in der Diakonie. – Schließlich wird man eine dritte Gruppe identifizieren können. Zu ihr gehören diejenigen Mitarbeiter, die bei der Diakonie arbeiten möchten, weil sie an ihrem Lebensort nur dort einen sicheren Arbeitsplatz bekommen. Sie können, wie die Erfahrung zeigt, zuverlässig arbeiten, sich auf die klimatischen Bedingungen der Diakonie gut einstellen und loyal zur diakonischen Arbeit stehen.

Es gibt also eine innere Differenzierung der Motivlage schon unter den kirchlich gebundenen Mitarbeitern. Ein zusätzliches Bekenntnis zur Diakonie, um auf die Ausgangsfrage zurückzukommen, ein weitergehendes Bekenntnis zur Diakonie als dasjenige, das sie faktisch ablegen dadurch, dass sie in diakonischen Einrichtungen arbeiten wollen, wird von ihnen nicht verlangt. Das wäre aus verschiedenen Gründen ganz absurd und unnötig. Vor allem aber, und darauf kommt es zunächst an: im Sinne der reformatorischen Lehre von der Zugehörigkeit des Einzelnen zur evangelischen Kirche und ich ergänze jetzt: zur evangelischen Diakonie ist es weder möglich noch nötig, ein weitergehendes Bekenntnis zu verlangen. Der Einzelne demonstriert durch seinen Wunsch, in der Diakonie arbeiten zu wollen, sein faktisches Zugehörigkeitsgefühl – und das reicht in seiner ganzen Formalität aus. Wie dieses Zugehörigkeitsverhältnis individuell motiviert ist und wie der Einzelne es inhaltlich ausfüllt, ist ihm selbst überlassen – es ist, theologisch gesprochen: seinem Gewissen überlassen.

4.

Bislang ging es lediglich um die *kirchlich gebundenen* Mitarbeiter. Wie verhält es sich nun, und das ist die entscheidende Frage, bei den *kirchlich ungebunden* Mitarbeitern – bei denen, die keiner evangelischen Kirche angehören und auch keiner Mitgliedskirche in der ACK?

Es ist hilfreich, vor dogmatischen Erwägungen den Blick in die faktische Praxis zu richten. Wie äußern sich eigentlich die kirchlich ungebundenen Mitarbeiter der Diakonie? Dazu seien einleitend drei ganz kurze und recht zufällig ausgesuchte Schlaglichter präsentiert. Der erste Satz stammt von einer Frau, die in Mitteldeutschland Bereichsleiterin einer diakonischen Einrichtung für Wohn- und Eingliederungshilfen ist. Sie sagt als kirchlich Ungebundene: „Ich freue mich darüber, Teil des Teams zu sein, das die Strukturen aufgebaut hat. Wir sind hier mittlerweile als Diakonie präsent und das finde ich schon toll."[7] – „Wir als Diakonie", so sagt sie ganz selbstverständlich – als jemand, der nach Recht und Gesetz eigentlich nicht dazugerechnet werden dürfte. – Das zweite Votum stammt von einer türkischstämmigen Muslima, die dezidiert *als Muslima* in einer diakonischen Frauenberatungsstelle in Köln eingestellt wurde, um dort als Ansprechpartnerinnen für muslimische und türkische Frauen zu arbeiten. Sie sagt: „Wir bieten hier Beratung und Unterstützung für Frauen jeglichen Alters und Herkunft an. Bestimmte Erlebnisse, vor allem schlimme Erfahrungen, lassen sich einfach besser in der eigenen, vertrauten Sprache beschreiben. Zudem fühlen sich die Frauen besser verstanden, wenn die Person, der sie sich anvertrauen, sich mit den Traditionen und der Religion ihres Heimatlandes auskennt." Nur eines wünscht sie sich: „Dass es etwa bei den schönen Festen, die wir mit den Kollegen der Diakonie Michaelshoven zusammen feiern, auch internationale Speisen gibt."[8] – Sie rechnet sich also so selbstverständlich zum Teil der Diakonie, dass sie ganz unbefangen das Eingehen der Evangelischen auf ihre muslimischen kulturellen bzw. religiösen Hintergründe fordert. – Der dritte Satz ist ganz kurz, er stammt von Friedrich Bartels, der als Vorsitzender des Pommerschen Diakonievereins Züssow 1990 die Übernahme von zahlreichen Mitarbeitern ehemaliger kommunaler Heime in Mecklenburg-Vorpommern in die Diakonie leiten musste. Diese Mitarbeiter waren größtenteils kirchlich ungebunden, zugleich war aber klar, dass sie in ihren ehemals kommunalen, nun diakonischen Einrichtungen weiter arbeiten wollten und sollten. Die zahlreichen Gespräche, die Bartels mit den Mitarbeitern einzeln geführt hat und bei denen es natürlich auch um die Frage der Arbeit kirchlich ungebundener Mitarbeiter in der Diakonie ging sowie die guten Erfahrungen, die Bartels mit diesen Mitarbeitern gemacht hat, fasst er in dem Satz zusammen: „Ich habe eine so große Offenheit vorgefunden, wie ich sie selbst eingebracht habe.“[9]

Die kurzen Stimmen zeigen: wir haben bei den kirchlich ungebundenen Mitarbeitern gar keine *strukturell* andere Situation als bei den kirchlich gebundenen. Sie wollen in den diakonischen Einrichtungen arbeiten. Sie wollen dazu gehören. Sie haben individuelle Motive, aber diese Motive fallen ins Reich des Individuellen. Wenn man die reformatorische Zurückhaltung gegenüber persönlich individuellen, inhaltlich gefüllten Bekenntnissen als Bedingung der Zugehörigkeit zur evangelischen Kirche ernst nimmt und nun auch auf die kirchlich ungebundenen Mitarbeiter ausdehnt, dann gibt es kaum gute Gründe und auch keine Notwendigkeit, weitergehende inhaltliche Bekenntnisse zu verlangen – Bekenntnisse, die über diese Bereitschaft zur Mitarbeit und eine dem diakonischen Dienstgeber angemessene Führung des Arbeitsverhältnisses hinausgingen. Um es klar und deutlich zu sagen: Es gibt für die Diakonie keine theologischen Gründe, über die knappen und absichtsvoll ganz formalen reformatorischen Bestimmungen zur Zugehörigkeit hinauszugehen.

5.

Die Sorge, die hinter dem eingangs genannten Wunsch stand, es sollten doch die nicht kirchlich gebundenen Mitarbeiter ein Bekenntnis zur Diakonie ablegen, ist damit natürlich nicht ausgeräumt. Denn hinter diesem Wunsch steht ja das Bedürfnis, es sollte die *christlich-kirchliche,* genauer: die *evangelische Identität der Diakonie* sichtbar werden und nicht verwässert werden durch zunehmende Öffnungen ins unbestimmt Multireligiöse.

Worin aber besteht diese evangelische Identität der Diakonie und wie kommt sie zustande? Zur Erwägung dieser Frage hilft wiederum die Theologie, genauer gesagt, der Blick in die oben schon genannten reformatorischen Bestimmungen zur Identität der Kirche. Die Identität der Kirche war, wie oben ausgeführt, in CA VII knapp, formal und unabhängig von dieser oder jener inhaltlichen Überzeugung ihrer Mitglieder bestimmt worden. Der Sache nach können und müssen diese reformatorischen Bestimmungen der Kirche auch auf die Diakonie übertragen werden. Das bedeutet zunächst einmal, dass eine formale und minimale Definition dessen, was die Diakonie sei, notwendig und ausreichend ist – zum Beispiel eine Definition wie die folgende: *Die Diakonie ist der Zusammenschluss all derjenigen Menschen, die sich im Namen des evangelischen Christentums den in Not geratenen Menschen mit praktischem sozialen Hilfehandeln zuwenden.* Das mag manchem zu wenig sein. Aber als Definition reicht es aus. Denn ihre konkrete Gestalt gewinnt die Diakonie – darin ganz der Kirche verwandt – stets und immer von neuem in der Praxis des diakonischen Lebens dadurch, dass Einzelne sich der – ganz knapp bestimmten – Diakonie zurechnen und in ihrem Namen tätig werden, zum Beispiel als Mitarbeiter. Die Diakonie entsteht, darin wieder der Kirche verwandt, also nicht durch die explizite inhaltliche Zustimmung ihrer Mitglieder zu einem bestimmten Arsenal an inhaltlichen Überzeugungen. Plakativ gesagt:

die Identität der Diakonie kommt nicht erst durch das Bekenntnis der Mitarbeiter zu ihr zustande, sondern diese Identität liegt der individuellen Zugehörigkeit stets schon voraus. Die Diakonie ist keine Gesinnungsgemeinschaft, die erst in gemeinsamen Überzeugungen ihrer Mitglieder begründet wäre, sondern sie besteht vor diesen individuellen Überzeugungen und über diese hinaus.

Für die alltägliche Arbeit in den diakonischen Einrichtungen hat diese theologische Einsicht zunächst drei bedeutsame Konsequenzen. Erstens könnte sie eine gewisse Gelassenheit *aller Beteiligten* angesichts der immer wieder aufgeworfenen Frage nach der Identität der Diakonie bewirken. Diese Identität *besteht*. Sie muss nicht durch einzelne Überzeugungen oder einzelne Aktionen von Mitarbeitern oder Leitern diakonischer Einrichtungen produziert werden, und sie kann auch nicht durch einzelne Überzeugungen oder Aktionen gefährdet werden.

Zweitens, diese Gelassenheit schließt eine gewisse Entschärfung der Reizfrage nach der Einstellung kirchlich nicht gebundener Mitarbeiter ein. Diese Frage hat in theologischer Perspektive nicht mehr den Rang einer Glaubensfrage, sondern reduziert sich auf eine individuell zu lösende Frage. In einigen Fällen mag es pragmatische Argumente geben, dem Arbeitskräftemangel in bestimmten Bereichen abzuhelfen. In anderen Fällen gibt es sachnotwendige Gründe, etwa für die Migrantenarbeit gezielt nach Mitarbeitern zu suchen, die anderen Religionen und Kulturen entstammen. Entspannend ist vor allem die theologisch gut begründete Einsicht, dass die fehlende Kirchenmitgliedschaft eines Mitarbeiters die Identität der Diakonie so wenig gefährden kann wie umgekehrt die Kirchenmitgliedschaft eines Mitarbeiters schon eine hinreichende Garantie für das diakonische Profil seiner Arbeit oder seiner Einrichtung darstellt.

Die dritte Konsequenz scheint mir die bedeutsamste zu sein. Die bisherige, ausführliche theologische Durchleuchtung des Problems kirchlich nicht gebundener Mitarbeiter zeigt, dass dieses Problem im Kern eine Aufgabe der *Leitung* ist, und zwar in einem ganz konkreten Sinne. Denn Leitung angesichts dieser Frage nicht kirchlich gebundener Mitarbeiter setzt unabdingbar Vertrauen voraus: Vertrauen in die überpersonale Stabilität der diakonischen Identität, Vertrauen aber insbesondere in die Mitarbeiter. Wenn sich aus theologischen Gründen Motivforschungen ebenso verbieten wie die Forderung nach zusätzlichen inhaltlichen Bekenntnissen zu dieser oder jener Überzeugung, dann bleibt tatsächlich nur Vertrauen – Vertrauen in die Loyalität der Mitarbeiter, Vertrauen in ihre Bereitschaft und ihre Fähigkeit, die ihnen übertragenen Aufgaben im christlich-kirchlichen Sinne zu erfüllen auch dort, wo die Leitung dem Mitarbeiter nicht direkt über die Schulter schaut.

Und tatsächlich dürfte diese gedankliche Konsequenz aus den theologischen Überlegungen die realen Verhältnisse in den diakonischen Einrichtungen und bei den Mitarbeitern ziemlich genau widerspiegeln. Denn die Erfahrung zeigt, dass alle Kontrolle sowie alle Einhaltung formaler Richtlinien und aller formalen Anforderungen an die Kirchenzugehörigkeit bzw. Loyalität doch niemals das Vertrauen in den Mitarbeiter ersetzen können, da nur das Vertrauen jene motivierenden Kräfte freisetzen kann, die gebraucht werden. Zugleich zeigt sich, dass solches Vertrauen in vielen Fällen auch schon die hinreichende Voraussetzung für die Loyalität der Mitarbeiter darstellt.

Und schließlich gilt die alte Erfahrung aller Leiter: Man bekommt von seinen Mitarbeitern stets genau so viel Vertrauen zurück wie man ihnen entgegenbringt – nicht mehr und nicht weniger.

Ich komme auf diese Leitungsaufgaben später noch einmal zurück. Zunächst muss ein vordringlicheres Problem erwogen werden.

6.

Bis hierher konnte es scheinen, als wäre bislang nur über das Problem unkirchlich gebundener Mitarbeiter geredet und die Frage nach der Glaubwürdigkeit der Diakonie im Horizont kultureller und religiöser Pluralität in der Verengung auf die Mitarbeiter erwogen worden. Doch das wäre ein falscher Eindruck. Denn tatsächlich bildet der Umgang der Diakonie mit den nicht kirchlich gebundenen Mitarbeitern jenen Präzedenzfall, an dem vieles von dem exemplarisch deutlich wird, was die Diakonie auch in den zwei anderen Dimensionen religiöser und kultureller Pluralität bestimmt, nämlich in dem Verhältnis zu den Klienten der Diakonie und im Verhältnis zu den Kooperationspartnern der Diakonie. Manche Fragen, die hier erwogen wurden, wiederholen sich dort. Vor allem aber zeigt sich: wenn die Diakonie ihren nicht kirchlich gebundenen Mitarbeitern in theologisch begründeter Haltung begegnet, steigert dies ihre Glaubwürdigkeit in den Augen ihrer Klienten und in den Augen ihrer Kooperationspartner. Doch der Reihe nach.

Manche Fragen, die im Blick auf die nicht kirchlich gebundenen Mitarbeiter erwogen wurden, wiederholen sich im Verhältnis zu den religiös oder kulturell anders herkünftigen Klienten der Diakonie und im Verhältnis zu den religiös oder weltanschaulich anders orientierten Kooperationspartnern der Diakonie. Und es fallen die Antworten analog aus.

Es ist grundsätzlich, und zwar aus theologischen Gründen, unangemessen, eine Motivforschung vorzunehmen oder ein über den Akt der Hinwendung zur Diakonie hinausgehendes Bekenntnis zu verlangen. So sehr sich das im Fall der nichtkirchlich gebundenen Mitarbeiter verbot, so sehr verbietet es sich auch im Falle der Klienten und der Kooperationspartner. Klienten werden schon wissen, warum sie sich in Einrichtungen der Diakonie begeben. Und Kooperationspartner werden ihre Gründe haben dafür, warum sie mit Diakonie kooperieren wollen – „auch wenn sie's mit dem Munde nicht bekennen", um diesen Satz Luthers noch einmal aufzunehmen. Auch dem nicht kirchlich gebundenen Klienten, auch dem weltanschaulich anders orientierten Kooperationspartner wird, aus theologischen Gründen, nicht ins Herz geschaut. Für alle gilt, wie für die nichtkirchlichen Mitarbeiter: wer durch einen äußerlichen Akt signalisiert, dass er dabei sein möchte, muss nicht durch eine zusätzliche Bekenntniskontrolle gehen. Eine solche wäre aus den genannten theologischen Gründen ganz unangemessen, aber es kommt etwas hinzu, das auch schon im Falle der Mitarbeiter angesprochen wurde. Die evangelische Diakonie besteht unabhängig von der expliziten Zustimmung oder Nichtzustimmung nichtkirchlicher Klienten oder nichtkirchlicher Kooperationspartner zu dieser Identität. Und die Diakonie hat überhaupt keinen Grund zu der Sorge, es könnte diese *unabhängig* von der Zustimmung einzelner

Klienten oder Kooperationspartner bestehende, *institutionelle Identität* verloren gehen, wenn man nichtkirchliche Klienten oder nichtkirchliche Kooperationspartner akzeptierte.

Gerade im Kontext religiöser und kultureller Pluralität erweist die Diakonie ihre evangelische Identität dadurch als stabil, dass sie ein gelassenes, unaufgeregtes und unängstliches Verhältnis zu dieser Identität pflegt. Alles andere wäre kleingläubig. Wo die Diakonie glauben würde, sie müsse ihre Identität erst produzieren und ängstlich hüten, voller Sorge, dass sie verloren gehen könnte in dieser oder jener religiösen oder kulturellen Öffnung, da nährte sie doch den Zweifel daran, ob sie sich ihrer Identität so sicher sei. Nein, im Blick auf nichtkirchliche Klienten und nichtkirchliche Kooperationspartner gilt das gleiche, was schon im Blick auf die nichtkirchlichen Mitarbeiter galt: Die vor aller und unabhängig von aller expliziten und bekenntnishaften Zustimmung durch Einzelne bestehende, institutionelle evangelische Identität der Diakonie erweist sich deswegen als stabil und vertrauenswürdig, weil diejenigen evangelischen Partner, die zur Diakonie gehören und die Diakonie tragen, selbst Vertrauen in diese Identität haben und sie nicht ängstlich hüten müssen.

Das wären also einige Fragen, die hinsichtlich der Mitarbeiter schon erwogen wurden und die nun im Verhältnis zu den Klienten und zu den Kooperationspartnern analog beantwortet werden können. Doch es gibt, wie gesagt, noch eine andere, sehr viel grundsätzlichere Ebene, auf der das Verhältnis, das die Diakonie zu den nicht kirchlich gebundenen Mitarbeitern hat, exemplarischen Charakter hat für ihre Glaubwürdigkeit.

Denn in ihrem Verhältnis zu den eigenen Mitarbeitern zeigt die Diakonie exemplarisch, dass sie ihre evangelische Identität für stark hält – für so stark, dass diese Identität durch die interne religiöse und kulturelle Pluralisierung der Diakonie nicht gefährdet werden kann. Im Verhältnis zu ihren Mitarbeitern, also im Verhältnis zu nichtevangelischen religiösen und kulturellen Prägungen zeigt die Diakonie sich *exemplarisch* als glaubwürdig in der Pluralität. Denn das kulturell oder religiös Andere im eigenen Haus wird einerseits nicht argwöhnisch beäugt und ausgegrenzt, es wird andererseits auch nicht einfach inkludiert mit dem entsprechenden Besitzanspruch, der dahinter stünde. Es wird nicht kontrolliert und nicht korrigiert, sondern es wird das religiös und kulturell Andere als nun einmal existierend und als die evangelische Identität der Diakonie nicht erschütternd angenommen.

Durch diesen Umgang mit dem religiös und kulturell Anderen zeigt die Diakonie sich als glaubwürdig in der Pluralität, weil sie zu ihrer eigenen, inneren religiösen und kulturellen Vielfalt steht. Sie versucht gar nicht erst, den Anschein innerdiakonischer religiöser oder kultureller Homogenität zu erwecken. Durch den Umgang mit ihren Mitarbeitern vermeidet die Diakonie von vornherein gegenüber all ihren Klienten und all ihren Kooperationspartnern die illusionäre Gegenüberstellung der evangelischen Diakonie als eines einheitlichen, geschlossenen religiösen und kulturellen Korpus hier und der unübersichtlich vielfältigen Welt dort. Nein: der beste Beweis dafür, dass die Diakonie den theologischen Gedanken von der Legitimität religiöser und kultureller Pluralität ernst nimmt, besteht darin, dass sie selbst eine solche plurale Gestalt hat. Das dürfte das Vertrauen der Klienten und

Kooperationspartner in die Diakonie stärken und führt damit – dies kann hier nur angedeutet werden – auch zu einer Stärkung der Marke „Diakonie“ auf dem umkämpften Sozialmarkt.

7.

Eine solche theologisch begründete, entschlossene und gelassene Selbsteinstellung der Diakonie auf die religiösen und kulturellen Pluralitäten bedeutet einige Aufgaben, und zwar durchweg Leitungsaufgaben auf verschiedener Ebene. Diese Aufgaben überschreiten das Thema der hier vorgetragenen Überlegungen, sie seien zum Schluss gleichwohl angedeutet.

Die erste Aufgabe ist eine rechtliche Aufgabe. Die theologischen Überlegungen legen die Konsequenz nahe, dafür Sorge zu tragen, dass die rechtlichen Rahmenbedingungen für die religiöse und kulturelle Pluralitätsfähigkeit der Diakonie erhalten bleiben und stabilisiert werden.[10] Diese juristischen Problemstellungen bestehen doch im Kern darin, dass theologische Grundsätzlichkeiten einerseits und der Rechtspositivismus andererseits relativ unvermittelt nebeneinander stehen. Die denkbare Lösung einer Angleichung der Praxisrealität an die Rechtsnormen liefe auf einen konfessionellen Rückbau und die Konzentration der Diakonie aufs Kerngeschäft mit den Evangelischen hinaus – das bedeutete meines Erachtens, aus den genannten theologischen Gründen, eine Gefährdung der Glaubwürdigkeit der Diakonie. Die theologische Begründung für die innere Pluralität läuft doch eher darauf hinaus, dass in strittigen Fragen eine Einzelfallprüfung notwendig ist.

Faktisch wird in der Bewältigung von Konfliktfällen mit Mitarbeitern in der Praxis der diakonischen Arbeit ja auch genau so verfahren. Und da das in der Praxis sowie unter theologischen Gesichtspunkten überzeugend ist, könnte die Diakonie sich beherzt auch für die rechtliche Absicherung dieser Praxis und die rechtliche Klärung einiger der angedeuteten juristischen Unbestimmtheiten einsetzen. Das grundsätzliche Ziel, das die Diakonie dabei selbstbewusst verfolgen sollte, besteht stets in einer Angleichung des positiven Rechts an die praktisch erfolgreichen und theologisch legitimen Realitäten – nicht umgekehrt im Ziel einer Anpassung der Realitäten an das gegebene Recht.

Die zweite Aufgabe ist eine betriebswirtschaftliche oder Management-Aufgabe. Die interreligiöse und interkulturelle Öffnung, die die Diakonie sich aus guten theologischen Gründen auf die Fahnen schreiben kann, bedeutet, dass sie dieses Konzept auch in ihre ökonomischen Strategien implementieren könnte. Aus der bislang doch noch weitgehend verschämt so genannten „interkulturellen Öffnung“ könnte dann eine offen angesprochene Strategie im Sinne des sogenannten Diversity Managements werden. Der Unterschied besteht darin, dass die interkulturelle Öffnung im Konzept des Diversity Managements systematisch eingebunden würde in die spezifische Zweck- und Funktionsbestimmung der Organisation, dass sie nicht ein Selbstzweck oder Ornament wäre, sondern dass sie als strategische und operative Zielvorstellung in die Organisations-, Personal- und Qualitätsentwicklung mit den dafür notwendigen Methoden und Instrumenten einginge und durchaus bei der Positionierung auf dem Sozialmarkt eingesetzt werden könnte. Es kann dies hier nur angedeutet werden, scheint aber erwägenswert.

Die dritte Leitungsaufgabe ist die wichtigste, es ist eine Bildungsaufgabe. Die Diakonie übernimmt Verantwortung für die ihr Anvertrauten auch dadurch, dass sie diesen die Selbstverantwortung fürs eigene Dasein nicht abnimmt, sondern deren Selbständigkeit und Orientierung so weit wie möglich fördert. Wenn unter den Mitarbeitern, unter den Klienten und unter den Kooperationspartnern sich zunehmend nicht kirchlich gebundene, nicht religiös verwandte und kulturell anders herkünftige Menschen finden, dann könnte es an der Zeit sein, eine alte Aufgabe der Diakonie neu zu entdecken, die der Verschränkung von tatkräftiger diakonischer Arbeit und Katechese. Den Gründungsvätern der modernen Diakonie in der Mitte des 19. Jahrhunderts war diese Verschränkung von Diakonie und Katechese selbstverständlich, und sie wussten genau, wo sie ansetzen mussten: bei der Bildung ihrer Mitarbeiter, damit diese religiöse Selbständigkeit gewannen. Dieses Ziel der Weiterbildung der Mitarbeiter ist insbesondere bei der Ausdehnung der Diakonie in den ostdeutschen Bundesländern und überall dort, wo die Integration zahlreicher nichtkirchlich gebundener Mitarbeiter notwendig wurde, wieder in den Blick gerückt. Viele Weiterbildungsangebote für alle Mitarbeiter, egal welcher couleur, hat es hier gegeben, Inhalte sind biblische Texte und Fragen des christlichen Glaubens und der christlichen Ethik, Geschichte der Diakonie, Selbstverständnis der Diakonie und Selbstverständnis der konkreten diakonischen Einrichtung. Vor allem gilt es, auf allen Ebenen einen Habitus des theologischen Denkens einzuüben.[11] Mir scheint, dass es eine verantwortungsvolle und eine effiziente Einstellung der Diakonie auf den Horizont der religiösen und kulturellen Pluralität nicht geben kann ohne eine entschlossene Wiederentdeckung dieser ganz gezielten Bildungsaufgaben, die eben nicht allein den Pfarrern und Lehrern überlassen bleiben sollte, sondern die die Diakonie auch selbst in die Hand nehmen muss.

8.

Die hier vorgestellten theologischen Begründungen für die Legitimität einer entschlossenen Einstellung der Diakonie auf die Horizonte religiöser und kultureller Pluralität mögen dem einen zu weit gehen, dem anderen nicht weit genug. Sie mögen in manchen Problemhinsichten für Klarheit sorgen, in anderen Problemhinsichten jedoch die erwünschte Eindeutigkeit vermissen lassen. In der Tat ist es so: eine theologische Begründung, die allen Ansprüchen gleichermaßen gerecht wird und alle Einzelfälle über einen Kamm schert, kann es im Protestantismus nicht geben. Im Protestantismus haben theologische Begründungen die Aufgabe, grundsätzliche Perspektiven mit dem Einzelfall zu vermitteln. Alles andere wäre unglaubwürdig. Glaubwürdigkeit entsteht nicht zuletzt aus dem Bewusstsein der Differenz zwischen dem grundsätzlich Wünschenswerten und dem individuell Gegebenen. Und die Glaubwürdigkeit der Diakonie entsteht nicht zuletzt aus der theologischen Aufgeklärtheit der Diakonie über die Durchlässigkeit der Grenze zwischen sich selbst und den religiös oder kulturell „anderen“. Die theologische Glaubwürdigkeit der Diakonie muss, so zeigte sich, weder an dieser Grenze halt machen noch geht sie mit dem Überschreiten dieser Grenze verloren.

Unterscheidungsfähigkeit. Zum Konzept der Dienstgemeinschaft

Der Versuch, dem für das Selbstverständnis der Diakonie zentralen, aber nicht unproblematischen Begriff der „Dienstgemeinschaft" einen theologischen Sinn abzugewinnen, basiert auf vier Voraussetzungen.[1]

Erstens, der Begriff der „Dienstgemeinschaft" ist (von einer Spezialbedeutung in der DDR abgesehen) ein Begriff, der der Begründung von Besonderheiten des kirchlichen Arbeitsrechts dient. Die Karriere des Begriffs beginnt in den 1950er Jahren,[2] der Begriff ist zunächst überwiegend von Juristen lanciert worden. Die – sehr zögerliche – theologische Rezeption des Begriffes setzt erst in den späten 1980er Jahren ein.[3]

Die zweite Voraussetzung lautet: Der Begriff ist theologisch nicht unumstritten. Genauer müsste man sogar sagen: der Begriff polarisiert. Es handelt sich beim Begriff der Dienstgemeinschaft um ein von Juristen nahegelegtes Theologoumenon, dem erhebliche Begründungslasten in den Argumentationen für den Dritten Weg zugemutet werden. Die Polarität der theologischen Rezeption macht deutlich, dass dem Begriff zwar eine gewisse theologische oder vielleicht sollte man besser sagen: religiöse Evidenz nicht abzusprechen ist, dass er zugleich aber eine Anfälligkeit dafür zeigt, implizite moralische Forderungen nach

Rechtsverzicht von Mitarbeitern mit autoritativem Anspruch zu versehen.

Gleichwohl gilt die dritte Voraussetzung. Sie besagt, dass die Kirchen, die Diakonie und die sie begleitende Theologie an dem Begriff der Dienstgemeinschaft aus religionsverfassungsrechtlichen Gründen festhalten sollten, da er der juristisch eingespielte Schlüsselbegriff für den staatskirchenrechtlichen Sonderstatus des kirchlichen Arbeitsrechtes ist und da die theologische Preisgabe des Begriffs diesen Status in juristischer Hinsicht gefährden dürfte. Aber die juristische Lancierung des Begriffs der Dienstgemeinschaft normiert noch keine theologischen Inhalte. Die Formel von der Dienstgemeinschaft inhaltlich zu füllen, ist eine Aufgabe der Theologie.

Damit ist schon die vierte Voraussetzung angesprochen. Die genannte theologische Aufgabe ist höchst aktuell, wie die arbeits- und tarifrechtlichen Auseinandersetzungen um die diakonischen Dienstverhältnisse in jüngster Zeit eindrücklich gezeigt haben. Diese diakonischen Dienstverhältnisse stehen auch im Hintergrund meiner Überlegungen; wo ich mich auf Struktur und Gestalt der Dienstgemeinschaft beziehe, habe ich insbesondere die Arbeitsbedingungen in diakonischen Unternehmen vor Augen. Alle folgenden Überlegungen über die diakonischen Dienstgemeinschaften gelten zwar analog selbstverständlich auch für die kirchlichen Dienstgemeinschaften, von Aktualität sind sie gegenwärtig aber in Bezug auf die Diakonie.

Unter diesen vier Voraussetzungen möchte ich zunächst die Ambivalenz der theologischen Rezeption des Dienstrechtsbegriffs vor Augen führen. Dazu sollen zwei exemplarische Zitate dienen.

Gottfried Buttler fasste in der TRE 1990 die theologische Skepsis gegenüber dem Begriff folgendermaßen zusammen: „Mit dem Begriff ‚Dienstgemeinschaft‘ als ‚Ordnungsbegriff‘ soll Barmen IV Rechnung getragen werden. Er verschleiert aber die jetzt in Praktischer Theologie wie Kirchenrecht gesehenen durch unterschiedliche Dienstverhältnisse gegebenen Probleme [...]. So wird ‚Dienstgemeinschaft‘ als ‚Ideologie‘ empfunden, zumal wenn der Begriff in seiner Anwendung zur Begründung des ‚Dritten Weges‘ zur Minderung von Rechtsdurchsetzungsinstrumenten genutzt wird. Zu solcher Sicht führt auch, daß allgemein ‚Dienst‘ als theologischer Kernbegriff verwendet wird (bis zum Rekurs auf den ‚christos diakonos‘), daß er aber in jüngster Ethik und Praktischer Theologie keine ‚demokratische‘ Interpretation fand. Dann aber bleibt das vor-demokratische ‚Dienstethos‘ wirksam, vor allem wenn es sich gegenüber mehrheitlich mitarbeitenden Frauen mit bleibend patriarchalen Haltungen verknüpft, aber auch, wenn es mit konfliktausweichendem Verhalten, verstanden als ‚Brüderlichkeit‘, verbunden bleibt.“[4]

Ganz anders hört es sich, an, wenn Nikolaus Schneider in einem Vortrag 2012 den Dienstrechtsbegriff verteidigt: „Wir stehen im kirchlichen Dienst gemeinsam in einer Dienstgemeinschaft. Der Begriff ‚Dienstgemeinschaft‘ hat für mich eine unaufgebbare theologische Qualität: Wir arbeiten gemeinsam im und für den Auftrag unseres Herrn Jesus Christus! Wir wollen einander und der Welt dienen, ein jeder und eine jede mit den Gaben, die sie empfangen haben, als gute Haushalter und Haushalterinnen der mancherlei Gnadengaben Gottes (vgl. 1. Petrus 4,10). Von uns gemeinsam – unabhängig von unserer beruflichen Funktion oder Stellung – hängt es ab, ob und inwieweit diese Dienstgemeinschaft gelebt wird. Und ob in ihr unser Verkündigungsauftrag, der allen kirchlichen Diensten gemeinsam aufgetragen ist, mit Leben gefüllt wird. Ich halte die Wahrung dieser Dienstgemeinschaft für unverzichtbar bei der Erfüllung unseres kirchlichen Auftrags. Wir dürfen sie uns nicht von außen zerreden und in Frage stellen lassen – etwa durch die Diskussion darüber, was als ‚verkündigungsnahe' und was als ‚verkündigungsferne' Aufgabe innerhalb unserer kirchlichen Dienste gelten kann."[5]

Bei dem Begriff der Dienstgemeinschaft handelt es sich, wie man an den beiden Zitaten gut sehen kann, ersichtlich um eine Pathosformel, die – zumal in diakonischen Unternehmen – ähnliche Funktionen hat oder haben soll wie die Beschwörung der Betriebsfamilie in Wirtschaftsunternehmen – und die darum auch vergleichbarer Kritik anheimfällt. Wie aber kann der Begriff theologisch sinnvoll rekonstruiert werden?

Dazu bemühe ich eine der klassischen Formulierungen, die der programmatische Appell an die Idee der Dienstgemeinschaft gefunden hat, zum Beispiel in der Präambel des Mitarbeitervertretungsgesetzes der EKD. Dort heißt es: „Die gemeinsame Verantwortung für den Dienst der Kirche und ihrer Diakonie verbindet Dienststellenleitungen und Mitarbeiter wie Mitarbeiterinnen zu einer Dienstgemeinschaft."[6] Auffällig ist ja Folgendes: Es ist gar nicht ganz klar, ob dieser Programmsatz eine *Tatsache* beschreibt oder eine *Erwartung*. Anders gesagt: es ist offen, ob der Satz eine Beschreibung der empirischen Realität in den kirchlichen und diakonischen Einrichtungen zu sein beansprucht oder ob er einen erst noch anzustrebenden Idealzustand als Zielperspektive markieren will.

Der theologischen Reflexion sind solche Perspektivendifferenzen vertraut. Eine solche Differenz taucht an prominenter Stelle zum Beispiel auch dort auf, wo man von der Gemeinschaft der Christen redet, von der Kirche. Denn als „Kirche“ bezeichnet wird bekanntlich sowohl die empirische Kirche als auch die Kirche des Glaubens. Und es hat seinen guten Grund, dass beides mit demselben Begriff bezeichnet wird. Denn dadurch ist zum einen die bleibende, unauflösliche Spannung zwischen religiöser Idealgestalt der Kirche und empirischer Realgestalt markiert. Vor allem aber wird Bezogenheit beider aufeinander festgehalten, und zwar so, dass die Idealvorstellung der geistlichen Heilsgemeinschaft das Prinzip zur Beurteilung und Gestaltung des jeweiligen empirischen Sozialverbandes bezeichnet. Dabei ist ebenso selbstverständlich, dass die Idealvorstellung der geistlichen Heilsgemeinschaft „Kirche“ sich niemals in dem empirischen Sozialverband „Kirche“ vollständig realisieren lässt – wie umgekehrt klar ist, dass die menschlich-geschichtliche Einrichtung „Kirche“ niemals zur pneumatologischen Heilsanstalt werden kann. Aber das geistliche Idealbild der Kirche bildet, wie gesagt, das Prinzip zur Beurteilung und Gestaltung der empirischen Realität der Kirche ab. Das heißt, es soll Orientierungen schaffen und Zielvorstellungen umschreiben, zugleich aber das Bewusstsein der Unvollkommenheit des realen Sozialverbandes festhalten und, vor allem, den realen Sozialverband vor religiösen Überhöhungen oder geistlichen Überfrachtungen bewahren. Die empirische Kirche ist, in der lutherischen Tradition, durchaus ein weltlich Ding, in dem zwar an Gottes Gebot orientierte, aber im Kern doch weltliche Rechtsordnungen gelten.

Es ist durchaus möglich, diese spannungsreichen Bestimmungen des christlichen Gemeinschaftsverbandes „Kirche“ ihrer Struktur nach auf die diakonischen Gemeinschaftsverbände der Dienstgemeinschaft zu übertragen. Und es dürfte, so meine These, dies auch der sinnvolle Weg einer theologischen Rekonstruktion des Begriffes sein, der zudem die erkennbaren Spannungen in der theologischen Rezeption aufnimmt und erklärbar macht.

Denn der Begriff der Dienstgemeinschaft als Idealbegriff bringt den Umstand zum Ausdruck, dass die in der Diakonie Arbeitenden durch mehr zusammengeschlossen sind als durch eine zufällige Zusammenarbeit. Vielmehr haben sie ihre darüber hinausgehende Gemeinsamkeit darin, dass sie sich – auf freilich individuell bestimmte Weise – mit den Gründen identifizieren, die zur Existenz der Diakonie geführt haben. Denn die Diakonie ist nicht irgendein Wirtschaftsunternehmen, auch nicht irgendein Sozialunternehmen, sondern die Diakonie ist der Zusammenschluss all derjenigen Menschen, die sich im Namen des evangelischen Christentums den in Not und Bedürftigkeit geratenen Menschen mit praktischem sozialem Hilfehandeln zuwenden. Noch einmal: wie die Beteiligung der Einzelnen im Detail motiviert oder begründet ist, bleibt eine Angelegenheit des Individuums (siehe dazu auch oben das Kapitel „Pluralitätsfähigkeit. Diakonie im Kontext religiöser und kultureller Vielfalt“). Darauf kommt es in diesem Zusammenhang nicht an. Entscheidend ist, dass in ihrem idealbegrifflichen Sinne die Dienstgemeinschaft durch den Zusammenschluss von Mitarbeitern konstituiert ist, die im Namen des evangelischen Christentums Sozialarbeit leisten.

Von diesem Idealbegriff zu unterscheiden ist der Realbegriff der Dienstgemeinschaft, der den organisatorischen Zusammenhang der Mitarbeiter bezeichnet. In diesem Real-Sinne ist die Dienstgemeinschaft eine Arbeitsgemeinschaft, für die Bedingungen und Regelmäßigkeiten gelten, denen moderne wirtschaftliche Arbeitsgemeinschaften ganz generell und überall unterliegen. Dazu zählen etwa Notwendigkeiten wie die der Professionalität, der Arbeitsteilung, der – auch hierarchisch strukturierten – Aufteilung von Zuständigkeiten und Verantwortlichkeiten, der Ausmittlung von Rechten und Pflichten der Arbeitenden gegenüber einander und gegenüber der arbeitgebenden Organisation – und nicht zuletzt zählen dazu notwendige Regelungen der Entlohnung dieser Arbeit.

Diese beiden Perspektiven des Begriffs der Dienstgemeinschaft, der Idealbegriff wie der Realbegriff, dürfen nun aber nicht gegeneinander ausgespielt werden; vor allem dürfen sie nicht miteinander verwechselt werden. Vielmehr gilt, ganz analog zum reformatorischen Kirchenbegriff: Das religiös-theologische Idealbild der Dienstgemeinschaft bildet das Prinzip zur Beurteilung und Gestaltung der empirischen Realität der Dienstgemeinschaft. Es soll den Sinn für Gemeinsamkeiten wachhalten, Orientierungen schaffen und Zielvorstellungen entwerfen, zugleich aber das Bewusstsein der Unvollkommenheit des realen Sozialverbandes der Dienstgemeinschaft festhalten und, vor allem, den realen Sozialverband der Dienstgemeinschaft vor religiösen Überhöhungen oder geistlichen Überfrachtungen bewahren.

Der Begriff der Dienstgemeinschaft ist in der beschriebenen und dem Kirchenbegriff entlehnten Weise also ein Komplementärbegriff aus Idealität und Realität. Als solcher hat er konstruktive und kritische Funktionen.

Zuerst zu den konstruktiven Funktionen. Genannt seien nur drei. Zunächst: Der beschriebene Komplementärbegriff der Dienstgemeinschaft erlaubt es, die Besonderheit der diakonischen Dienstgemeinschaft gegenüber anderen Arbeitsgemeinschaften in einer den juristischen Ansprüchen genügenden und zugleich theologisch begründeten Weise zu beschreiben, ohne die einzelnen Mitglieder dieser Dienstgemeinschaft damit im Namen von religiösen Vorgaben oder moralischen Postulaten zum Verzicht auf Rechte oder zum Verzicht auf individuelle Motivlagen ihrer Mitgliedschaft in der Dienstgemeinschaft zwingen zu wollen oder zu können. Der Komplementärbegriff erlaubt es, das Spezifikum des kirchlich-christlichen Auftrags der Diakonie festzuhalten, ohne sich dem Vorwurf aussetzen zu müssen, dieses als Ideologem mit dem Ziel der Legitimation autoritativer Strukturen einsetzen zu wollen.

Sodann: Als ein aus der komplementären Gestalt des protestantischen Kirchenbegriffes abgeleiteter Begriff dürfte der Begriff der Dienstgemeinschaft der inneren Pluralität der gegenwärtigen Diakonie bzw. der Mitarbeiter in diakonischen Einrichtungen und Unternehmen gerecht werden. Denn die moderne Diakonie ist, um eine vor allem von dem Theologen Karl-Fritz Daiber gepflegte Unterscheidung anzuführen, längst nicht mehr Kommunitätendiakonie, wie dies zum Beispiel in der Mutterhausdiakonie der Fall war. Sie ist auch nicht mehr in erster Linie Vereinsdiakonie, sondern sie ist volkskirchliche Diakonie. Das heißt: in ihren Einrichtungen und Unternehmungen spiegelt sich – nicht zuletzt als Folge der Differenzierung, der Professionalisierung und des quantitativen Wachstums der diakonischen Arbeit – die religiös und christlich nur noch sehr schwer auf eine einheitliche inhaltliche Bestimmung zu bringende Vielfalt der Kirchenmitgliedschaft ab.[7]

Und schließlich: Der Komplementärbegriff der Dienstgemeinschaft erlaubt es, das Bewusstsein der inneren Verbindung der Zusammenarbeitenden nicht in Abrede stellen zu müssen, wenn gleichwohl auf organisatorischer Ebene Interessenskonflikte sich Geltung verschaffen. Das dürfte zum einen den historischen Sachverhalt erklären, dass selbst der emphatisch vorgetragene Anspruch der Dienstgemeinschaft die Einführung von juristischen Regelungen der Mitarbeiterrechte nicht verhindern konnte und auch gar nicht zu verhindern brauchte. Vor allem aber zeigt sich zum anderen, dass das Auftauchen von Interessenskonflikten und die Notwendigkeit ihrer formalen, rechtlichen Regelung die innerlich begründete Verbindung der Zusammenarbeitenden nicht tangieren müssen und in gewisser Hinsicht auch gar nicht tangieren können.

Das führt schon zu den kritischen Funktionen des komplementär angelegten Begriffs der Dienstgemeinschaft. Hier seien, wiederum in aller Kürze, vier solcher Funktionen angesprochen. Es wird sich zeigen, dass diese vier kritischen Funktionen ein und derselben gedanklichen Grundstruktur folgen. Im Komplementärbegriff der Dienstgemeinschaft ist angelegt, dass die Mitglieder der Dienstgemeinschaft in geistlicher Hinsicht gleichwertig und gleichberechtigt sind, in organisatorischer und funktionaler Hinsicht aber durchaus unterschiedliche Aufgaben, Kompetenzen, Rechte und Interessen haben können.

Diese gedankliche Grundstruktur ist, das lässt sich leicht sehen, wiederum aus dem protestantischen Kirchenbegriff abgeleitet. Das Priestertum aller Gläubigen besagt, dass alle Kirchenmitglieder in geistlicher Hinsicht gleichrangig sind. Genau deswegen braucht man aber unterschiedliche Begabungen und Bedürfnisse nicht zu verschweigen, sondern kann mit ihnen pragmatisch und transparent umgehen. Denn diese Unterschiede sind nicht Unterschiede des Personwertes, sondern Unterschiede der individuellen Einsetzbarkeit des Einzelnen. Das Priestertum aller Gläubigen bedeutet nicht das Pfarramt aller Gläubigen.

Diese Struktur lässt sich leicht auf die Idee der Dienstgemeinschaft übertragen. Denn der Begriff der Dienstgemeinschaft als Komplementärbegriff aus Idealität und Realität dieser Gemeinschaft suggeriert nicht die Unterschiedslosigkeit der Beteiligten. Er macht deutlich, dass sie in geistlicher Hinsicht einander ebenbürtig sind, im Blick auf ihre Betätigungen in der Einrichtung und für die gemeinsame Arbeit aber durchaus unterschiedlich sein können, das heißt unterschiedliches Gewicht haben dürfen und vor allem unterschiedliche, auch antagonistische Bedürfnisse oder gar Interessen haben können.

In vier Stichworten sollen die in dieser gedanklichen Grundfigur angelegten kritischen Funktionen benannt werden. Kritisch sind diese Funktionen meines Erachtens deswegen, weil sie Gründe artikulieren gegen all die Tendenzen, die in den eingangs genannten Zitaten Anlass gaben, vom Ideologiegehalt des Dienstgemeinschaftsgedankens zu reden. Hier zeigt sich nun, dass der Komplementärbegriff der Dienstgemeinschaft sehr gut gerade *gegen* diese ideologieverdächtigen Momente in Anschlag gebracht werden kann.

Zunächst: Die Idee der diakonischen Dienstgemeinschaft bedeutet nicht die Notwendigkeit, in realitätsverweigernder Weise den Blick auf Kompetenz- und Statusdifferenzen der Mitarbeiter abzublenden.[8] Im Gegenteil eröffnet der Komplementärbegriff die Einsicht, dass die Dienstgemeinschaft in funktionaler Hinsicht eine Gemeinschaft von höchst Ungleichen ist und sein darf. Die religiöse Hinsicht der geistlichen Gleichheit ist zu unterscheiden von der funktionalen Hinsicht der sozialen und intellektuellen Ungleichheit. Natürlich verfügen die Organisationen der modernen diakonischen Einrichtungen über Hierarchien und ihre Effizienz beruht nicht zuletzt auf dem Funktionieren dieser Hierarchien. Trotzdem kann man, wie deutlich geworden sein mag, mit guten Gründen von einer Dienstgemeinschaft aller Beteiligten sprechen.

Sodann: Das Festhalten an der Idee der Dienstgemeinschaft heißt nicht, dass man die Augen verschließen müsste vor einer Folgeerscheinung zunehmender Professionalisierung, nämlich wachsender Gruppenbildungen innerhalb der Mitarbeiterschaft.[9] Dass unter Mitarbeitern, etwa in Krankenhäusern, vergleichsweise selbständige Subsysteme von Angehörigen ähnlicher Profession und Professionalisierungsstufen entstehen und dass diese Subsysteme wachsende Eigeninteressen entwickeln, kann im Rahmen des differenzierten Dienstgemeinschaftsgedankens als eine rationale Konsequenz der Professionalisierung begriffen werden, die nicht automatisch das Bewusstsein des Gemeinsamen und Verbindenden gefährden will oder kann.

Des Weiteren: Man kann sich in einer Dienstgemeinschaft befinden und gleichwohl konfligierende Vorstellungen von der angemessenen Entlohnung der Tätigkeiten haben. Das ist kein Gegensatz, der die Idee der Dienstgemeinschaft gefährdete. Das Bewusstsein des Gemeinsamen und Verbindenden schließt die pragmatische Auseinandersetzung um Lohn und Rechte nicht aus, auch nicht zwingend die formalisierte Gestalt solcher Auseinandersetzungen.

Und schließlich: Die Idee der Dienstgemeinschaft verlangt nicht die Uniformität der Frömmigkeit. Die in der Dienstgemeinschaft Verbundenen gehören zusammen auch dann, wenn ihre individuellen Frömmigkeiten unterschiedliche sind. Dieses auch für die Dienstgemeinschaft geltende volkskirchliche Prinzip gewinnt seine Bedeutung insbesondere dort, wo es um die religiösen Begründungen für die Dienstgemeinschaft geht. Man kann, aber man muss eben nicht sein Zugehörigkeitsgefühl zur Dienstgemeinschaft abhängig machen von der Inspiriertheit durch den Missionsgedanken, durch die Taufverpflichtung oder durch 1 Petr. 4,10. Es gibt im Protestantismus und mit ihm in der Diakonie auch andere und geistlich gleichwertige fromme Gründe, sich mit anderen zum sozialen Hilfehandeln im Namen des Christentums und damit zur Dienstgemeinschaft zusammenzuschließen. Zur Dienstgemeinschaft gehört, wer die Mitgliedschaft zu ihr erklärt und ihrem Geist nicht zuwiderhandelt. Darüber hinausgehende Bekenntnisprüfungen sind im Protestantismus Sache Gottes, nicht der Dienststellenleiter. (Siehe dazu ausführlicher oben das Kapitel „Pluralitätsfähigkeit. Diakonie im Kontext religiöser und kultureller Vielfalt".)

Die These dürfte deutlich geworden sein: Die theologische Rekonstruktion des Begriffs der Dienstgemeinschaft als eines Komplementärbegriffs aus idealen und realen Momenten in Analogie zum protestantischen Kirchenbegriff erlaubt, so meine ich, das theologische Festhalten am Begriff der Dienstgemeinschaft, ohne damit zugleich die theologische Kritik an diesem Begriff abblenden zu müssen. Es ist, überdies, nun sogar recht einfach, die Gegensätzlichkeit der theologischen Rezeption zu verstehen. Um noch einmal auf die Zitate am Anfang zurückzukommen: Buttlers kritische Haltung gegenüber dem Dienstgemeinschaftsbegriff lässt sich nun verstehen als Widerstand gegen Tendenzen, einen rein ideal gefassten Dienstgemeinschaftsbegriff an die Stelle des realen Begriffs setzen zu wollen und sich damit aller Empirie zu verweigern. Und Schneiders emphatisches Festhalten am Begriff der Dienstgemeinschaft verdankt sich umgekehrt dem Widerstand gegen alle Impulse, die Dienstgemeinschaft ausschließlich aus ihrer real-empirischen Verfasstheit heraus verstehen zu wollen, entsprechend skeptisch zu betrachten und damit jeden Idealbegriff der Dienstgemeinschaft aufzugeben.

Die hier vorgetragene Rekonstruktion aber sollte gezeigt haben, dass es den Begriff der Dienstgemeinschaft sinnvoll nur als Komplementärbegriff aus idealen und realen Momenten geben kann und dass ein je einseitiges Verständnis unzureichend bleiben muss. Und überdies könnte sich gezeigt haben, dass im Alltag der Diakonie sowie im Alltag diakonischer Einrichtungen und Unternehmungen es eine reale Verwirklichung der Idee der Dienstgemeinschaft nur in der pragmatisch begrenzten Annäherung geben kann, aber eben auch nur in dieser Annäherung zu geben braucht.

Wirkungsfähigkeit. Zu Recht und Grenzen von Bildern der Diakonie

Die Diakonie ist angewiesen darauf, dass sie öffentlich wahrgenommen wird. Nicht umsonst gehört Öffentlichkeitsarbeit in je zeitgemäßen Formen schon immer zu den Säulen diakonischer Arbeit. In den Anfängen der modernen Diakonie im 19. Jahrhundert bestand die Aufgabe darin, Aufmerksamkeit für die sozialen Missstände zu erzeugen, Gleichgesinnte zu motivieren und finanzielle Mittel zu gewinnen. An diesen drei Kernaufgaben hat sich bis heute nichts geändert. In den inzwischen differenzierten Formen allgemeiner, fachlicher und zielgruppenorientierter Öffentlichkeitsarbeit geht es der diakonischen Publizistik, der gezielten Pressearbeit oder der professionalisierten werblichen Kommunikation der Diakonie auch heute darum, die öffentliche Wahrnehmung auf soziale Notsituationen zu richten, die Vertrauenswürdigkeit diakonischer Bemühungen zur Linderung dieser Notstände zu zeigen und so für die stabile Präsenz der Diakonie auf den modernen Sozialmärkten zu sorgen.

Die professionalisierte Öffentlichkeitsarbeit nimmt in den diakonischen Verbänden und Einrichtungen darum einen breiten Raum ein. Gleichwohl ist sie dauerhaft begleitet von einer latenten Unzufriedenheit. Denn ebenso beständig wie die Mühe ist die Klage, dass die Diakonie schlecht ins öffentliche Bild kommt. Ein wesentlicher, struktureller Grund dürfte darin bestehen, dass die Arbeit der Diakonie auch kaum „bildfähig" ist. Soziales Hilfehandeln ist nur selten schön anzuschauen. Die Diakonie handelt dort, wo weite Teile der Gesellschaft lieber wegsehen.

Aber trotzdem ist es für das Ansehen der Diakonie und für das Selbstbewusstsein derer, die in ihr arbeiten, von elementarer Bedeutung, dass sie im gesellschaftlichen und kulturellen Bilder-Ensemble präsent und positiv besetzt ist. Öffentlichkeitsarbeit funktioniert, als Kommunikationsgeschehen, stets auch über starke und einprägsame Bilder. Um wie viel mehr gilt das für den kommunikativen Wettbewerb zwischen konkurrierenden Anbietern. Hier muss die Marke „Diakonie" prägnante Bilder von sich selbst erzeugen, wenn sie am Markt bestehen will.

Wo aber entstehen diese Bilder? Wie lässt sich die Unzufriedenheit mit den Bildern der Diakonie erklären? Lassen diese Bilder sich ändern oder steuern? Und schließlich: gibt es theologische Gründe, mit denen sich die Bildschwäche der Diakonie konstruktiv bewältigen lässt?

Das sind Fragen, die die Diakonie im Blick auf ihre Bilder theologisch beantworten muss. Gerade weil die Bedeutung der Bilder so hoch und zugleich die Gefahr ihrer Verselbständigung so groß ist, ist es wichtig, zu überlegen, was die Bilder zeigen sollen, was sie überhaupt zeigen können – und was man von ihnen besser gar nicht erst erwarten sollte.

Dazu sollen im Folgenden einige Überlegungen vorgetragen werden. Sie werden plädieren für die Aufmerksamkeit auf die impliziten, nicht intentional hergestellten, nebenher entstehenden Bilder der Diakonie. Der Gedankengang dorthin besteht aus vier größeren Schritten. Zunächst soll die grundsätzliche Frage nach der Bedeutung von Bildern der Diakonie gestellt werden, und zwar in einer beschreibenden Perspektive: wo entstehen Bilder, welche Typen von Bildern gibt es überhaupt? In einem zweiten Schritt werde ich mich dann der in der diakonischen Öffentlichkeitsarbeit im Vordergrund stehenden Frage zuwenden, welche Funktionen diese Bilder faktisch haben: was sollen die Bilder *leisten*? Dabei wird sich schnell die Frage melden, was denn eigentlich materialiter ins Bild gesetzt werden kann oder werden sollte. Dieser Frage gilt der dritte Gedankenschritt: Was sollen die Bilder *zeigen*? Das wird dazu führen, dass zum Schluss, im vierten Gedankenschritt, die Eingangsfrage wieder aufgenommen wird: noch einmal – wo entstehen Bilder?

1.

a) Wo entstehen Bilder? Wer sich überlegt, wie die Diakonie ins Bild kommt, dem wird zunächst einfallen, wie die Diakonie sich selbst visuell ins Bild setzt, absichtsvoll und professionell. Er wird zuerst denken an Plakatwände, an Filmspots und an Jahreskampagnen oder an die Magazine und Broschüren der großen diakonischen Einrichtungen – an lauter Bilder also, die planmäßig konzipiert und in die Welt gesetzt werden. Es sind Bilder, die in den Öffentlichkeitsabteilungen der diakonischen Einrichtungen entstehen und dort mit hohem finanziellem und kreativem Aufwand produziert werden.

Zum Typus dieser veranschaulichenden Bilder, die die Diakonie von sich selbst erzeugt, zählen neben den unmittelbar visuell wahrnehmbaren Bildern aber auch die mittelbaren, verbalen Bilder, in denen die Diakonie sich selbst ins Bild setzt. Zu denken ist hier an die Leitbilder und Leitlinien großer, aber auch kleinerer diakonischer Einrichtungen. Zwar sind Entstehungskontexte dieser sprachlichen Leitbilder üblicherweise andere als diejenigen der visuellen Bilder, was schon rein äußerlich daran erkennbar ist, dass sie in Konsultationsprozessen entstehen. Auch hinsichtlich der Adressaten unterscheiden sie sich – Leitbilder wenden sich gleichermaßen nach innen wie nach außen. Aber sie zählen dennoch zu diesem Typus der Bilder, die die Diakonie intern, absichtsvoll und professionell von sich selbst entwirft und in die Welt setzt.

b) Daneben steht ein zweiter Typus – nämlich medial entstehende Bilder von Sozialarbeit, Pflege, Pflegeeinrichtungen etc., die zwar überhaupt nicht diakonische Einrichtungen oder Arbeitsformen abbilden, aber auf die öffentliche Wahrnehmung der Diakonie abfärben. Man denke an Darstellungen von Pflege und Pflegebedürftigkeit oder vom Alltagsleben der Alten und Dementen in den entsprechenden Einrichtungen, wie es in Filmen und Fernsehspielen gezeigt wird. Nie geht es dabei konkret um die Diakonie – aber jeder, der diese Bilder sieht, rechnet die Bildgehalte doch auch der Diakonie zu. Daher bestimmen sie die öffentliche Wahrnehmung der Diakonie faktisch mit.

c) Als dritter Typus zu nennen ist der diffuse Bereich der impliziten Bilder, die durch das halböffentliche Wirken der Diakonie entstehen und die sich vor allem als individuelle Bilder in den Köpfen derjenigen formen, die mit der Arbeit der Diakonie in Berührung kommen. Es sind Bilder, die durch ganz unterschiedliche Faktoren zustande kommen. Zu solchen Faktoren zählt der Habitus der Mitarbeiter und Mitarbeiterinnen in der Diakonie; es rechnet dazu deren Umgang mit Klienten und Angehörigen; zu solchen bildkonstituierenden Faktoren gehören aber auch die Architektur und das Design der Einrichtungen, ja: das notorische Auto des Leiters einer diakonischen Einrichtung. Die Faktoren, durch die solche Bilder zustande kommen, haben etwas Diffuses, kaum Steuerbares; und die Bilder sind individuell, vielfach bleiben sie unbewusst oder unterbewusst, aber sie sind prägend. Diese Bilder entstehen durch Wahrnehmungen, denen man sich nicht entziehen kann – wenn ich sehe, wie meine Schwiegermutter im Augustinum bei ihrem kleinen Spaziergang durch den Flur begrüßt wird oder wenn der Arzt im Evangelischen Krankenhaus mich vom Tod meines Großvaters informiert, aber auch, wenn ich ein Foto von dem erschöpften Gesicht der Psychologin in der Schwangerenkonfliktberatungsstelle sehe oder an der Eingangstür der Notschlafstelle für Jugendliche vorbeigehe.

All dies sind individuelle Bilder, die in einem der Öffentlichkeit und der Steuerbarkeit doch weitgehend entzogenen Raum entstehen. Sie entstehen auch durch die Sprache eines Rechenschaftsberichtes, die fehlende beziehungsweise eben frische Farbe im Eingangsbereich des Jugendhilfezentrums oder das Deckenlicht im Warteraum der Flüchtlingsberatungsstelle. Es sind weiche, zudem subjektiv unterschiedlich wahrgenommene Faktoren, die diese individuellen und weitgehend unbewusst bleibenden Bilder der Diakonie zustande kommen lassen. Vor allem aber sind sie nur sehr schwer steuerbar – das wird deutlich, wenn man sich klar macht, dass es in einer jeden Erscheinungsform der Diakonie zahlreiche, höchst unterschiedliche solcher bildkonstituierenden Reize geben dürfte. Was nimmt man wahr, wenn das kleine Auto der Sozialstation mit dem Kronenkreuz und dem Motto „Diakonie. Stark für andere“ vorbeifährt? Die Präsenz? Die Mobilität? Den Slogan? Dass die Diakonie sich im Wettbewerb befindet und es nötig hat, auf sich aufmerksam zu machen? Es dürfte ein Mixtum aus all diesen Wahrnehmungen sein, vielleicht sogar ein in sich widersprüchliches Mixtum, und das macht die impliziten Bilder, die aus diesen Wahrnehmungen entstehen, noch schwerer steuerbar.[1]

d) Gezielte Bilder, mediale Bilder und implizite Bilder sind damit als Bildtypus genannt, und als letztes muss erinnert werden an journalistisch weit verbreitete Wanderbilder, die zwar kaum ein angemessenes oder differenziertes Bild der Diakonie zeichnen, sich aber hartnäckig halten und auch ihre Wirkungen entfalten. Die karikaturenhafte Behauptung, das Besondere an der Diakonie sei, dass die Mitarbeiter sich Zeit fürs Gebet nehmen und für Gotteslohn arbeiten, gehört ebenso dazu wie das unvergessliche Bild von den Heuschrecken unter dem Kreuz oder dem Wohlfahrtskartell.

Damit sei es vorerst genug. Es gibt, wie schon dieser einleitende kurze Überblick zeigte, ganz unterschiedliche, vielfach auch uneindeutige Bilder der Diakonie. Die christentumsgeschichtlich eingespielte Alternative zwischen Bilderkult und Bilderverbot ist längst obsolet geworden, die Bilder haben sich verselbständigt und es gibt sie in einer irritierenden Vielfalt. Was aber sollen die Bilder leisten? Was sollen Bilder der Diakonie leisten aus der Sicht derer, denen die Diakonie am Herzen liegt?

2.

Menschen, die sich der Diakonie zugehörig fühlen, sind beschäftigt mit der Frage, warum die Bilder der Diakonie nicht wirken. Warum sorgen die Bilder von der Diakonie nicht für jenen Bekanntheitsgrad und jene Ansehenssteigerung der Diakonie, die diese doch verdient hätte?

Diese Frage erfährt auf dem Hintergrund der oben skizzierten Aufstellung eine erste, relativ schlichte Antwort: weil sehr viel mehr Bilder über die Diakonie im Umlauf sind als die, die die Öffentlichkeitsabteilungen der diakonischen Einrichtungen gezielt produzieren und lancieren können. Es gibt, wie gesagt, daneben Bilder, die gleichsam nebenbei, gewissermaßen mittelbar entstehen; es gibt implizite, vorbewusste Bilder, es gibt medial kaum steuerbare Bilder und es gibt festgefahrene Bilder.

Aber das ist nur eine erste, schlichte Antwort. Aufschlussreicher ist ein zweiter Punkt. Man kommt ihm auf die Spur, wenn man sich fragt, was die gezielt und professionell produzierten Bilder der Diakonie leisten sollen. Wenn man die Mitarbeiter in den Öffentlichkeitsabteilungen fragt, dann ist die Antwort ganz klar: die Bilder sollen Werbung für die Diakonie machen, und das wird man ja auch für vollkommen legitim halten. Sie sollen die Marke Diakonie stärken, sie sollen ihre realen Leistungen in Kernaussagen transportieren, sie sollen dafür sorgen, dass das Produkt Diakonie besser verkauft wird. Im selben Atemzug wird allerdings regelmäßig ratlos beklagt, dass der Aufwand und der messbare Ertrag in keinem Verhältnis zueinander stehen. Das geht so weit, dass ausführliche diakoniewissenschaftliche Überlegungen zur Öffentlichkeitsarbeit der Diakonie in dem Stoßseufzer enden können: „Vielleicht *ist* eine wirtschaftliche Diakonie nicht angemessen öffentlich kommunizierbar.“[2]

Zwar dürfte diese Totalresignation nicht unmittelbar überzeugend sein – zahlreiche andere, auf Renditesteigerung ausgelegte Wirtschaftsunternehmen schaffen es ja auch, zu ihrer eigenen Zufriedenheit für sich zu werben. Aber gleichwohl weist die Beobachtung auf einen wichtigen Punkt hin. In manchen kritischen Interpretationen der Öffentlichkeitsarbeit der Diakonie wird die eine Diskrepanz darin gesehen, dass die Diakonie notwendigerweise marktförmig agiert, sich in ihrer öffentlichen Kommunikation dagegen ganz anders, nämlich als selbstlose Anwältin der Schwachen und Stummen präsentiert.[3] Diese Kritik sei etwas ausführlicher referiert, weil man aus ihr, auch wenn man ihr nicht zustimmt, einen wichtigen Schluss ziehen kann.

Zwar sei, so wird in der Kritik zugegeben, die Diakonie inzwischen notgedrungen ein in Niederlassungen agierender sozialer Großkonzern, der sich auf dem Markt sozialer Dienstleistungsunternehmen gegen konkurrierende Anbieter durchsetzen müsse. In der öffentlichen Kommunikation werde aber ein ganz anderes Bild gezeichnet. In ihren Selbstbildern zeige sich die Diakonie als selbstlose Vertreterin von Interessen der Armen und Rechtlosen, denen sie uneigennützig helfe.

Verschwiegen bleibe dabei, dass all diese Aktivitäten doch geschehen müssten auf den umkämpften Sozialmärkten einschließlich aller Bedingungen, die auf ihm gelten. Die auf Öffentlichkeitswirkung angelegten Bilder, die die Diakonie von sich selbst produziere und in die Welt setze, blendeten dieses Dasein auf dem Sozialmarkt aber weitgehend ab und inszenierten die Diakonie stattdessen als ein vorsozialstaatliches, reines Werk der Barmherzigkeit. Diese „Inszenierung der reinen Güte"[4] falle den diakonischen Einrichtungen aber alsbald auf die Füße. Denn sie bediene zunächst Vorurteile, die nicht mehr zuträfen und über deren hartnäckiges Überleben sich die Diakonie dann auch wieder wundere. Vor allem aber rufe sie umgehend den diakoniekritischen Gestus der Skandalisierung auf den Plan bei denen, die die bekannten Fakten etwa über die Finanzierung der Diakonie aus öffentlichen und privaten Sozialkassen, über die arbeits- und steuerrechtlichen Regelungen in den diakonischen Einrichtungen im Gestus der Entlarvung präsentieren können – im Gestus der Entlarvung eines eklatanten Widerspruches zwischen der Einbettung der Diakonie in finanzielle, rechtliche und ökonomische sozialstaatliche Regelungen einerseits und ihrer auf barmherzige Uneigennützigkeit setzenden Selbstpräsentation andererseits.

Aus dieser Kritik wird dann der Schluss gezogen, es müsse eine transparentere Öffentlichkeitsarbeit her, die sehr viel stärker auf Rechenschaft als auf Werbung setze, die eingefahrene Sozialrhetorik ebenso vermeide wie den Hinweis auf den religiösen Mehrwert der diakonischen Sozialarbeit und viel stärker versuche, die gesellschaftliche Öffentlichkeit wie auch die Adressaten der Diakonie von der soliden Haushalterschaft der Diakonie zu überzeugen.[5]

Soweit diese Kritik der gegenwärtigen Öffentlichkeitsarbeit. Aus theologischer Sicht überzeugt sie meines Erachtens nur zum Teil. So fraglos richtig es ist, auf eine transparente, realitätsorientierte Öffentlichkeitsarbeit zu setzen, so sehr stellt sich doch die Frage, ob das schon ein sinnvoller und vor allem ausreichender Inhalt der Öffentlichkeitsarbeit sein kann. Sollte man sich nicht zugleich und vor allem darum bemühen, in irgendeiner Weise den Geist, den Kern, das Besondere, das Alleinstellungsmerkmal der Diakonie und dasjenige, dessentwegen sie Vertrauen und Hochachtung genießt, ins Bild zu setzen – ohne dass der falsche, in die Irre führende Eindruck einer traumtänzerischen Unabhängigkeit der diakonischen Arbeit von den Bedingungen der Sozialmärkte erweckt wird?

Gleichwohl enthält die Kritik an der Uneigennützigkeitsrhetorik, die so ausführlich referiert wurde, einen wahren Kern. Und diesem wahren Kern kommt man auf die Spur, wenn man sich anschaut, wie die Öffentlichkeitsabteilungen der diakonischen Einrichtungen selbst die Frage beantworten, warum die Bilder nicht das notwendige Ansehen der Diakonie erzielen.

Denn die übliche Erklärung in den Öffentlichkeitsabteilungen lautet: Die Arbeit der Diakonie ist gut, sie muss nur besser ins Bild kommen. „Das ‚Produkt' Diakonie stimmt, es muss besser verkauft werden."[6] So lautet der in vielfachen Variationen zu hörende Stoßseufzer. Genau das scheint mir der springende, der fragwürdige Punkt zu sein.

Denn wenn wirklich die *alltägliche Arbeit* der Diakonie ins Bild gesetzt werden soll, dann führt die bildhafte Inszenierung der Selbstlosigkeit natürlich in die Irre, weil schnell der Eindruck erweckt wird, die Diakonie wollte den Umstand, dass sie unter marktförmigen Bedingungen agiert, irgendwie vertuschen und statt dessen ihre Alltagsvollzüge als reine Barmherzigkeit inszenieren. Wenn wirklich die Arbeit der Diakonie ins Bild gesetzt werden sollte, dann griffe die Kritik, die zu etwas mehr Realität und etwas weniger Beschönigung mahnt.

Ist es aber überhaupt eine sinnvolle Idee, die *Arbeit* der Diakonie ins Bild setzen zu wollen – oder ist genau das die sträfliche Verkürzung? Schon unter markt- und kommunikationsstrategischen Gesichtspunkten kann man fragen: ist es denn, unter den Bedingungen von Transparenz und Realitätshaltigkeit, sinnvoll, lediglich diese Arbeit der Diakonie ins Bild zu setzen, die ihrem äußeren Erscheinungsbild nach in vielem doch recht verwechselbar sein dürfte mit der Arbeit in nichtdiakonischen Einrichtungen – und deren Inszenierung dann zu Recht der genannten Kritik anheimfiele? Und aus theologischer Perspektive muss man erst recht fragen: ist denn etwa die *Arbeit* der Diakonie schon das, was sie in ihrer Besonderheit hinreichend kennzeichnet? Wird nicht in den vielen Bildtypen, von denen eingangs die Rede war, faktisch jeweils viel mehr ins Bild gesetzt?

Die Bilder – und zwar die gezielt produzierten ebenso wie die impliziten, auch die kritischen – leisten teils mehr, teils weniger als das, was von ihnen erwartet wird. Sie entfalten unter der Hand ein Eigenleben, denn sie rücken auch dann, wenn sie es sollen, nicht etwa *die Arbeit* der Diakonie ins rechte Licht, sondern sie alle lassen faktisch stets etwas *vom Ganzen* der Diakonie aufleuchten – auch da, wo das nicht unbedingt beabsichtigt war.

Das führt auf den nächsten Punkt: was sollen die Bilder der Diakonie denn idealiter zeigen?

3.

Aus dem eben Gesagten folgt: Die Qualität der Bilder von der Diakonie, und zwar sowohl der intentional hergestellten visuellen Bilder, die Qualität der verbalen Leitbilder, die Qualität aber auch der medial hergestellten Bilder, der unbewusst produzierten Bilder und der hartnäckigen, unausrottbaren Bilder – die Qualität dieser Bilder bemisst sich stets daran, in welcher Angemessenheit sie dieses Ganze der Diakonie, ihren „Geist", aufleuchten lassen.

Um zu entscheiden, ob dieses Ganze in angemessener Weise aufleuchtet, ist es notwendig, zu fragen, worin dieses Ganze bestehen könnte. Ohne in den Abgründen der Propriumsdebatte versinken zu wollen, muss man sich doch kurz Rechenschaft ablegen über die Frage, was das Besondere, das Eigentümliche, das Alleinstellungsmerkmal der Diakonie ist, auch und gerade im Vergleich zu konkurrierenden Anbietern auf dem Sozialmarkt.

Die Diakonie ist der Zusammenschluss all derjenigen Menschen, die sich im Namen des evangelischen Christentums den in Not und Bedürftigkeit geratenen Menschen mit praktischem sozialem Hilfehandeln zuwenden. Das ist eine bewusst weite, offene Bestimmung. Aber sie scheint zutreffend. Die Diakonie ist eben nicht einfach nur soziales Hilfehandeln *an Christen*. Sie ist auch nicht einfach nur soziales Hilfehandeln *von Christen*, und sie ist auch nicht einfach ein in besonderer Weise als *christlich* erkennbares soziales Hilfehandeln. So wünschenswert solche Eindeutigkeiten manchen sein mögen, so unmöglich sind sie gemessen am Anspruch der Diakonie. Denn sie formulieren samt und sonders Ausschlusskriterien. Die Diakonie aber knüpft programmatisch die Zuwendung zum notleidenden Menschen gerade nicht an Bedingungen. Der Mensch als Mensch ist das Anliegen der Diakonie, und die Bewahrung seiner Würde, die Linderung seiner Not und die Eröffnung von Lebensmöglichkeiten machen die christliche Qualität der Diakonie aus. In diesem Sinn ist der Mensch *als Mensch* das spezifisch Christliche.[7] Das diakonische Hilfehandeln richtet sich darum an den ganzen Menschen als den notleidenden; an den physisch, psychisch, sozial oder ökonomisch Armen als ganzen Menschen, nicht nur als defizientes Objekt. Der Grund dafür ist schnell genannt. Denn die Diakonie verdankt sich der Selbstoffenbarung Gottes im ganzen Menschen Jesus Christus, in der ganzen, unendlichen Fülle seines Menschseins – nicht etwa der Selbstoffenbarung Gottes in lediglich bestimmten Facetten dieses Menschen, etwa lediglich in Jesus als dem frommen Mann, dem Juden, dem spätapokalyptischen Wanderprediger, dem politisch Angeklagten, dem qualvoll Sterbenden. Im Menschen als dem Menschen in der unendlichen Fülle und Vielfalt seines Menschseins ist diese Selbstoffenbarung geschehen, und dementsprechend besteht der Anspruch der Diakonie, wenn sie soziales Hilfehandeln im Namen des Christentums leisten will, darin, dass sie dieses soziale Hilfehandeln an den Menschen als den ganzen Menschen in der ganzen, das heißt auch: in der vielfach der Sichtbarkeit entzogenen Fülle seines Menschseins richtet.

Bedingungslosigkeit ist also ein zentrales Kennzeichen dieses sozialen Hilfehandelns im Namen des Christentums. Sie richtet sich an den Anderen, ohne ihn vereinnahmen zu wollen, ohne ihn der eigenen Zweckrationalität unterwerfen und in diese einzeichnen zu wollen. In der Zuwendung zum Menschen als Menschen und um seines

Menschseins willen ist eingeschlossen, dass die Frage, wie sich dieses Christliche realisiert, nicht durch Äußerlichkeiten beantwortet werden kann. *Dass es um den Menschen als Menschen geht*, bedeutet eine Bedingungslosigkeit, die selbst schon das spezifisch Christliche ist. Diakonie in der Orientierung an der Selbstoffenbarung Gottes in Jesus Christus besteht bereits in der Praxis der bedingungslosen Zuwendung. Sie wird als diakonische Praxis nicht erst konstituiert durch das begleitende Reden über Gott oder durch gequälte Versuche, die Praxis über ihren Vollzug hinaus zusätzlich als eine spezifisch christliche Praxis nachzuweisen.

Wenn man die Besonderheit der Diakonie, ihr Spezifikum, auch und gerade im Vergleich mit anderen Anbietern auf dem Sozialmarkt so zusammenfassen darf, dann hat man sich zunächst relativ weit von den Bildern entfernt. Ja, ist die Besonderheit der Diakonie in diesem programmatischen Anspruch, sich allzu frühen Festlegungen auf eine bestimmte, konkrete, äußerlich identifizierbare Form zu entziehen, ist diese Besonderheit überhaupt bildfähig? Lässt sich religiös begründete Bedingungslosigkeit in der Zuwendung zum Menschen als des ganzen Menschen überhaupt irgendwie ins Bild setzen? Ehe man hier vorschnell kapituliert, sei kurz an eine andere Form von Bildern erinnert, die die Diakonie tragen und die unverändert für ihre Akzeptanz sorgen. Diese Bilder bestehen in den Ursprungserzählungen der Diakonie. In ihnen kommt, bei aller Idealisierung und Stilisierung, doch unmittelbar etwas zum Leuchten, was das Ganze, den Geist der Diakonie aufruft.[8] Man wird hier schnell denken an die Ursprungserzählung vom barmherzigen Samariter. Man könnte auch denken an die Ursprungserzählung, die in jeder Wichern-Würdigung aufgerufen wird: Ein engagierter Christ sieht die ihn umgebende Not und beschließt, den Leidenden wieder eine Perspektive zu geben. Es gelingt ihm, eine Gruppe Gleichgesonnener um sich zu scharen. Zusammen versteht man sich als diakonische Gemeinschaft die gemeinsam den Dienst leistet im Namen und zur Ehre Christi. Und schließlich mag man denken an eine weitere Variante dieser Ursprungserzählung, die im Leitbild des Diakonischen Werkes kurz und bündig aufgerufen wird: „Wir sind eine Dienstgemeinschaft von Frauen und Männern im Haupt- und Ehrenamt“[9].

Natürlich sind diese Ursprungserzählungen stilisiert und idealisiert. Vieles ließe sich sagen über die Schranken der Ausdeutbarkeit des Gleichnisses vom barmherzigen Samariter, über die Problematik der Heroisierung Wicherns und über die Grenzen der Dienstmetapher im Alltag diakonischer Einrichtungen mit ihren arbeitsrechtlichen Konflikten.[10] Manches wäre anzumerken zu verschleiernden, dissensverdrängenden Potentialen der Rezitation dieser Ursprungserzählungen. Und natürlich muss überlegt werden, wie diese Ursprungserzählungen angemessen und modifiziert in gegenwärtige, differenzierte und komplizierte Kontexte diakonischer Praxis hinein zu kommunizieren wären. Aber darauf kommt es in unserem Zusammenhang nicht an. Wichtig ist im Moment etwas anderes. Diese Ursprungserzählungen stellen ein enormes Identifikationspotential bereit, und zwar sowohl ein enormes Potential zur Selbstidentifikation derjenigen, die in und mit den auf einen solchen Ursprung zurückführbaren Einrichtungen arbeiten oder sich ihnen anvertrauen als auch ein Potential zur Identifikation von außen. Die Ursprungserzählungen rufen stabile Orientierungspunkte auf, die niemandem zur Disposition stehen. Natürlich könnte man einwenden, dass sie sich geschlossenen Weltsichten verdanken, die inzwischen geschichtlich überholt sind. Gleichwohl prägen sie das Selbstverständnis und die Außenwahrnehmung der Diakonie bis heute. Denn eines steht für alle innerhalb und außerhalb der Diakonie außer Frage: Wo der barmherzige Samariter, Wichern oder die Dienstmetapher aufgerufen werden, da ist das Evangelium vom Menschen im Mittelpunkt gemeint. All diese Ursprungserzählungen variieren auf narrative Art und Weise doch ein Grundmotiv: den unverlierbaren Wert des einzelnen und bestimmten Menschen, der mehr ist als man von ihm sieht und aussagen kann, insbesondere mehr ist als seine derzeitige psychische, physische, soziale oder ökonomische Notlage ohne weiteres erkennen lassen kann. All diese Ursprungserzählungen variieren das Evangelium von Gott dem Vater und dem unendlichen Wert der Menschenseele, dem sich die Diakonie verdankt und auf den sie sich selbst zurückführt, wenn zum Beispiel im Leitbild Diakonie die erste Überschrift heißt: „Wir orientieren unser Handeln an der Bibel" und wenn der erste erläuternde Satz dazu lautet: „Wir nehmen den einzelnen Menschen wahr."[11]

Die Stärke dieser Ursprungserzählungen liegt also darin, dass ihre Rezitation zielsicher Assoziationen an den die Diakonie als ganze prägenden Geist wecken, indem Bedeutungshöfe aufgerufen werden, die jeder versteht. Und damit ist man dem Anspruch, der an die Bilder der Diakonie zu erheben ist, plötzlich wieder sehr nahe und kann die Ursprungserzählungen wieder verlassen. Denn was nun deutlich geworden ist, ist Folgendes: auch die Bilder sollten idealerweise Assoziationen auf den die Diakonie als ganze prägenden, spezifischen Geist erwecken. Sie sollten, um es anders zu sagen, in irgendeiner Weise den konstitutiven Kern der Diakonie, ihre bedingungslose Zuwendung zum einzelnen Menschen um seines Menschseins willen, ins Bild setzen.

Der pietistische, in der Diakonie gut bekannte Theologe August Hermann Francke (1663–1727) hat einst gefordert, dass jeder, der im Leben auch nur eine einzige evangelische Predigt gehört habe, über den Kern des evangelischen Christentums im Bild sein solle. Das ist sinnvollerweise wohl weniger zu verstehen als Aufforderung an die Prediger, in jeder Predigt einen Grundkurs evangelischen Glaubens vorzutragen. Aber Franckes Diktum erinnert daran, dass jede Predigt, ob sie will oder nicht, doch eine individuelle Variation des Evangeliums von der Selbstoffenbarung Gottes in Jesus Christus darstellt. Vielleicht sollte man den Bildern von der Diakonie vorsichtshalber und vernünftigerweise etwas Vergleichbares zutrauen: dass sie, ob sie wollen oder nicht, doch eine individuell variierende Abbildung vom Kern der Diakonie enthalten. Was mit dem Kronenkreuz gekennzeichnet ist, lebt aus dem und für das Evangelium vom unendlichen Wert der menschlichen Seele und steht darum für die Zuwendung zum Menschen um seines Menschseins willen.

Bilder gehorchen der gleichen Funktionslogik wie die Ursprungserzählungen der Diakonie. Sie setzen, ob sie wollen oder nicht, immer Assoziationen an das *Ganze* der Diakonie frei. Es wäre ein verfehlter Anspruch, zu glauben, sie könnten oder sollten nur die *Arbeit* der Diakonie abbilden. Und es ist unmöglich, zu glauben, man könne auf die religiös-soziale Semantik der Bilder verzichten und sie auf die Darstellung eines vertrauenswürdigen, effizienten und transparenten Dienstleisters auf dem Sozialmarkt reduzieren.[12] Der repräsentative Charakter und das identifikatorische Potential, die den Bildern zugeschrieben werden, sprechen ebenso dagegen wie der Umstand, dass ein jedes Bild unter der Hand eben doch eine Vorstellung vom Ganzen der Diakonie transportiert – und sei dies der Eindruck, die Diakonie selbst habe vor lauter Effizienz und Marktorientierung vergessen, worin ihr charakteristisch Besonderes, wesensmäßig Ganzes bestehe. Dass ein solcher Eindruck, insbesondere im Blick auf die Konkurrenzsituation auf den Sozialmärkten, ebenso töricht wie fatal wäre, muss kaum ausgeführt werden.

Freilich tritt das Bild, dem die Imagination des Besonderen und zugleich Ganzen der Diakonie, dem die Versinnbildlichung der Identität der Diakonie unterstellt wird, damit aus dem Schatten einer bloßen PR-Maßnahme. Bilder von der Diakonie sind, so verstanden, nicht mehr nur Werbung oder werbliche Kommunikation oder Öffentlichkeitsarbeit. Sie sind, ob sie wollen oder nicht, etwas anderes: sie sind – es sei der altmodische Begriff erlaubt – Verkündigung. Nicht intentional, aber faktisch. Die Bilder von der Diakonie haben faktisch teil an der Kommunikation des Evangeliums. Man muss ihre Funktionslogik viel mehr in der Parallele zu einer Predigt sehen als zu einer PR-Maßnahme. Die Predigt mag werbend wirken oder nicht, das ist ihr eigentlich herzlich egal. Sie geht in der Logik der Werbung nicht auf und passt sich nicht in sie ein. Sie teilt einen Glauben mit, weil der von sich aus, angesichts der Welt und des Lebens, auf Mitteilung drängt, gesagt werden will.

Und darum sind Bilder, die den Kern, die Identität der Diakonie ins Bild setzen oder setzen wollen, auch nicht säuselnde, süßliche und am Ende irreführende Werbung, die Uneigennützigkeit vorspielt, wo in Wahrheit die Marktgesetzmäßigkeiten drücken. Sie sind vielmehr eine Variante der Predigt des Evangeliums von der bedingungslosen Annahme des Menschen um seines Menschseins willen. Aus der Perspektive der *Public relations* könnte man Bilder, die die Selbstlosigkeit, die Uneigennützigkeit der Diakonie herausstellen, für verlogen halten. Aus der Perspektive der Verkündigung aber sind sie wahr.

Aus der Perspektive der *Public relations* kann man sie deswegen für verlogen halten, weil man sie so verstehen könnte, als würden sie die Illusion pflegen, die Diakonie könne oder dürfe die Zwänge des Marktes ignorieren. Und das ist natürlich verkehrt. Da gilt in der Tat: man empfindet Widersprüche zwischen Selbstlosigkeit einerseits und der Notwendigkeit von Eigenwerbung andererseits. Aus der Perspektive der Verkündigung aber sind sie wahr, weil sie zeigen, dass die Diakonie sich ihres ursprünglichen Geistes und der motivierenden Kraft dieses Geistes bewusst bleibt, auch unter den Bedingungen des Sozialmarktes, ja: im souveränen und selbstbewussten Akzeptieren der Umweltbedingungen, die für die Existenz der Diakonie gelten. Diese Bedingungen gibt es, als reale und unhintergehbare Zwänge, mit denen die Diakonie sich in ihrer Alltagsarbeit arrangieren muss und unter denen sie marktförmig und rechtsförmig agieren muss, diese Zwänge sind ebenso akzeptiert wie die Notwendigkeit eines kreativen Umgangs mit ihnen – aber diese Zwänge werden der Diakonie doch noch lange nicht den Glauben austreiben.

Das führt auf den letzten Gedankengang. Er nimmt die Eingangsfrage wieder auf und fragt noch einmal: wo entstehen Bilder?

4.

Es könnte naheliegen, von hier aus die Aufgabe einer konkreten Umsetzung solcher Bilder, die den Kern, die Identität der Diakonie kommunizieren, in den Blick zu nehmen. Aber statt zu fragen, wie diese Bilder publizitätswirksam produziert werden könnten, was im Übrigen gar nicht in die Kompetenz des Theologen gehört, sei hier zum Abschluss besser noch einmal gefragt, wo diese Bilder des Ganzen der Diakonie faktisch entstehen, ob man will oder nicht. Es sind ja nicht nur die absichtsvoll und professionell inszenierten Bilder der Diakonie, die jenen Kern, jenes Ganze der Diakonie mitteilen, sondern mindestens genau so sehr tun dies die anderen Bildtypen. Auch für die impliziten Bilder und für die medial entstehenden Bilder sowie für die Wanderlegenden gilt ja, dass sie faktisch, ob sie wollen oder nicht, ein Bild vom Ganzen der Diakonie zeichnen und transportieren.

Man wird vermutlich nicht unterschätzen dürfen, wie hoch der Beitrag eines jeden Einzelnen, der zur Diakonie gehört oder ihr zugerechnet wird, zur Entstehung solcher impliziter, nichtintentional gesteuerter Bilder ist. Bilder entstehen eben nicht nur in den Öffentlichkeitsabteilungen. Bilder entstehen dort, wo Menschen im Namen der Diakonie agieren, also überall dort, wo Mitarbeiterinnen und Mitarbeiter ebenso wie Leiter und Leiterinnen als Repräsentanten der Diakonie auftreten und sich engagieren. Es ist ganz unvermeidlich, dass jeder mit der individuellen Form seines Agierens sich beteiligt an der Entstehung eines Bildes der Diakonie. Es ist ganz unmöglich, die Entstehung solcher Bilder delegieren zu wollen an die Öffentlichkeitsstellen oder an die kollektive Identität einer diakonischen Einrichtung. Jeder Einzelne arbeitet am Bild mit – jeder Einzelne hat in seinem Tun teil an der Verkündigung, die soziales Hilfehandeln im Namen des Christentums am Menschen um seines Menschseins willen bedeutet.

Für die Qualität der dabei entstehenden Bilder dürfte entscheidend sein, dass der Einzelne seine Arbeit tut mit der Möglichkeit, sich im Einklang zu fühlen mit dieser Ursprungsidee der Diakonie, im Einklang mit dem Anspruch der Klienten und deren Angehörigen, im Einklang mit seinen eigenen Ansprüche, den Ansprüchen der Einrichtung, den gesellschaftlichen Ansprüchen an die Diakonie. Die Ausstrahlung, die von solchem Einklang ausgeht, dürfte jeder kennen, der je mit der Diakonie in Berührung gekommen ist und sie ist nicht zu unterschätzen. Es wäre viel gewonnen, wenn das Bewusstsein von der Bedeutung solcher Identifikationsmöglichkeiten im Alltag der Arbeit in den Einrichtungen wach bliebe. Vielleicht gibt es trotz vieler wertvoller Bemühungen einfach doch immer noch zu wenig differenzierte Gesprächs-, Supervisions- und Fortbildungsangebote für die Mitarbeiter und Mitarbeiterinnen der diakonischen Einrichtungen, die dafür sorgen, dass sie ihre Arbeit im ausdrücklichen, stolzen Selbstbewusstsein der Besonderheit der Diakonie leisten könnten.

Soziales Hilfehandeln im Namen des Christentums am Menschen um seines Menschseins willen bedeutet, dass die Arbeit der Diakonie ihren Wert in sich selbst hat. Im Einklang mit der Ursprungsidee der Diakonie zu arbeiten, heißt nicht zuletzt, zu wissen, dass die Arbeit der Diakonie um ihrer selbst willen geschieht. Das unterscheidet die Diakonie dann doch von vielen anderen Einrichtungen der Sozialhilfe. Die Diakonie unterwirft weder sich noch die ihr anvertrauten Menschen sekundären Zweckrationalitäten. An die Stelle des „Für-sich-etwas-erreichen-wollen" steht bei der Diakonie das „Um-des-Menschen-willen".[13]

Aber glaubhaft wird diese Selbstlosigkeit, diese Uneigennützigkeit wohl kaum schon dadurch, dass sie als das entscheidende Merkmal der diakonischer Arbeit in strategisch konzipierten, glänzenden Bildern inszeniert wird. Da gilt in der Tat: man merkt die Absicht und ist verstimmt. Glaubhaft wird diese Uneigennützigkeit dadurch, dass sie sich als motivierender Grund *vor aller Arbeit* in den impliziten, in den nebenbei entstehenden Bildern aufzubauen und mitzuteilen vermag; in Bildern, die nichtintentional entstehen, weil sie aus dem Geist der Diakonie, aus der Identifikation alltäglicher Arbeit mit dem Besonderen und Ganzen der Diakonie hervorgehen.

In der Gewissheit, dass Bilder nicht nur irgendetwas irgendwie aussehen lassen wollen, sondern aus der Tiefe des Grundes entstehen, implizit und nebenbei und wahrhaftig, in dieser Gewissheit sollte die Diakonie sich, aus theologischer Sicht, nicht verunsichern lassen, erst recht nicht irritieren lassen durch das Schielen auf am Effekt orientierte, inszenierte Bilder. Diese haben ihr Recht und ihre Notwendigkeit, aber auch ihre Grenzen. Denn die Diakonie wird, aus konstitutionellen Gründen, immer und notwendigerweise, eine bleibende Reserve gegenüber den inszenierten Bildern behalten, weil sie viel stärker auf die Bilder vertrauen kann, die en passant entstehen. Wo immer und wie immer sich das souveräne Selbstbewusstsein der Diakonie von ihrem Kern mitteilt, da entstehen ganz von selbst und ganz nebenbei die gelungenen, angemessenen und überzeugenden Bilder – Bilder, die nicht die Arbeit der Diakonie zeigen, sondern deren Grund aufleuchten lassen.

Vertrauenswürdigkeit. Zur Implementierung von Compliance in der Diakonie

Bertolt Brecht hat 1939 seine Vorstellungen des experimentellen Theaters erläutert und dabei auch die Technik der Verfremdung erklärt: „Einen Vorgang oder einen Charakter verfremden heißt zunächst einfach, dem Vorgang oder dem Charakter das Selbstverständliche, Bekannte, Einleuchtende zu nehmen und über ihn Staunen und Neugierde zu erzeugen."[1] Compliance in der Diakonie ist, so scheint mir, im Kern genau das: einer Sache das Selbstverständliche, Bekannte, Einleuchtende zu nehmen, das vermeintlich Selbstverständliche ins staunende oder auch irritierte Bewusstsein zu bringen. Die besondere Herausforderung besteht aber darin, dass im Falle von Compliance in der Diakonie nicht irgendetwas verfremdet wird, sondern die Selbstverständlichkeit von Grundsätzen, die das sozialkaritative Handeln im Namen des Christentums *in seinem Kern* bestimmen – und der Verlust dieser Selbstverständlichkeit. Wenn es um Compliance in der Diakonie geht, geht es um Grundsätze, um Fundamentalprinzipien diakonischen Handelns, auch wenn uns das nicht immer bewusst ist. Es geht um Fundamente, die so selbstverständlich sind, innerhalb und außerhalb der Diakonie, dass normalerweise nicht über sie geredet wird: Dass gesetzliche Vorgaben eingehalten werden, dass Rechtsverstöße vermieden werden, dass mit anvertrauten Geldern und Gütern verantwortungsvoll und transparent umgegangen wird, dass Macht nicht willkürlich ausgenutzt wird. Das alles sind so selbstverständliche, so fraglose Fundamentalprinzipien diakonischen Handelns, dass darüber nicht gesprochen werden muss, mehr noch: dass es verräterisch ist, wenn darüber gesprochen wird.

Compliance zu implementieren, heißt, das zu thematisieren, worüber normalerweise nicht geredet werden müsste. Es heißt, das Selbstverständliche zu thematisieren, weil es sich nicht mehr von selbst versteht. Compliance zu implementieren, heißt, zuzugeben und anzuerkennen, dass das Selbstverständliche eben nicht selbstverständlich ist. Fundamentalprinzipien diakonischen Handelns werden nicht als selbstverständlich beachtet bei denen, die handeln – und sie werden nicht als selbstverständlich vorausgesetzt bei denen, die von außen auf das Handeln schauen oder ihm ausgesetzt sind.

Die Implementierung von Maßnahmen der Compliance dokumentiert diesen Verlust von Selbstverständlichkeiten insbesondere nach *außen*: als den Anspruch, das Verlorengegangene zurückzugewinnen und als die Bereitschaft, für diesen Wiedergewinn einiges zu tun. Compliance zeigt, was noch besser werden muss oder auch, was wieder besser werden muss, das ist wichtig und unbestritten.

Aber, und das ist vielleicht eine unbeabsichtigte Nebenfolge, die Implementierung von Maßnahmen der Compliance wirft auch Fragen in eine andere Richtung auf, gleichsam nach *innen*. Darum soll es im Folgenden gehen. Zwar ist es ja nicht gleich so, dass innere Orientierungen völlig verloren gegangen wären. Die Implementierung von Compliance fordert, selbstkritisch darüber nachzudenken, welche Grundsätze und Fundamentalprinzipien unserer inneren Orientierung ihre Selbstverständlichkeit verloren haben. Gemeint ist damit nicht der mögliche Verlust von handlungsleitenden Tugenden wie Ehrlichkeit, Selbstbeschränkung, Transparenz und so weiter. Diese Tugenden sind ja nicht im großen Stil abhandengekommen – und dass einige schwarze Schafe sie bisweilen vergessen, war immer so und wird immer und überall so sein, da stellt die Diakonie keinen Sonderfall dar. Gemeint ist mit dem Verlust der Selbstverständlichkeit von Grundsätzen unserer inneren Orientierung etwas anderes, nämlich die Selbstverständlichkeit einer *gedanklichen Sicherheit*, mit der wir manche Grundsätze unseres diakonischen Handelns bedenken.

Der Vorgang der Implementierung von Compliance weist uns da nicht nur auf Details, auf Nebenaspekte, sondern er weist uns auf einige gedankliche Säulen diakonischen Handelns. Vier seien genannt und anschließend erwogen. Erstens: Ist die Implementierung von Compliance nicht auch das Resultat eines verschämten Umgangs mit der ökonomischen Dimension diakonischen Handelns? Was sagt Compliance über unsere Haltung zum Stellenwert der Ökonomie in der Diakonie? Und zweitens: Compliance kratzt am Bild vom guten Menschen in der Diakonie. Zu den Urmotiven diakonischen Handelns zählt es, den Menschen als Ebenbild des Schöpfers zu sehen und an das Gute in ihm zu glauben. Verstellt diese Grundsicht bisweilen den realistischen Blick darauf, dass Menschen in ihrer Lebensführung gelegentlich der Wirklichkeit dieser Geschöpflichkeit widersprechen, auch wenn sie Mitarbeiterinnen und Mitarbeiter, Leiterinnen und Leiter diakonischer Einrichtungen sind? Anders gefragt: ist die Implementierung von Compliance nicht auch ein Ausdruck des Umstandes, dass wir, bisweilen vielleicht etwas naiv, die Sündhaftigkeit des Menschen unterschätzen? Drittens: Compliance will Vertrauen dadurch rechtfertigen, dass Verhaltensregeln kodifiziert werden. Was denken wir in einer christlichen Einrichtung, die sich doch der Freiheit des Evangeliums verdankt, über die Leistungsfähigkeit von Gesetzen? Ist die Implementierung von Compliance nicht auch das Resultat einer Neigung, Gesetzen teils zu viel, teils zu wenig zuzutrauen? Und schließlich viertens: Ist die Implementierung von Compliance nicht auch das Indiz einer relativ naiven Hoffnung, dass Vertrauen sich dadurch herstellen ließe, dass man es sich als Ziel setzte – und nicht, was doch wohl realistischer, aber auch anstrengender ist, dadurch, dass man es auf einem gemeinsamen Weg mit all seinen Krisen und Rückschlägen Tag für Tag von neuem erwirbt und bewahrt? Wie baut sich Vertrauen in der Diakonie auf?

Mit diesen vier Punkten sind zugleich die vier Teile der nachfolgenden Ausführungen benannt. Dabei geht es an keiner Stelle darum, die Zweckhaftigkeit der Implementierung von Compliance in Frage zu stellen. Sie werden im Folgenden als gegeben und auch als notwendig angenommen. Interessant in theologischer Hinsicht ist aber der Aspekt, welche Rückfragen das Faktum einer Implementierung von Compliance an das gedankliche Selbstverständnis der diakonischen Arbeit stellt.

1.

Im Kern verdankt sich das Phänomen der Compliance nicht zuletzt der ökonomischen Verfasstheit der Diakonie. So heißt es in den ersten Sätzen des Vorwortes, das der Vorstand des Diakonischen Werks der EKD 2005 der Veröffentlichung des Diakonischen Corporate Governance Kodex voranstellte: „Als Ende der 90er Jahre das Gebaren von Unternehmensleitungen und Aufsichtsräten börsennotierter Aktiengesellschaften durch zahlreiche Skandale in Verruf geriet, reagierte der Gesetzgeber schnell.“ Und zwei Sätze weiter, nachdem die entsprechenden Gesetze und Regeln genannt wurden: „Auch diakonische Einrichtungen und Dienste stehen wirtschaftlich und strukturell vor großen Herausforderungen. Wer in dem sich weiter verschärfenden Wettbewerb auf dem Markt sozialer Dienstleistungen bestehen will, muss gut aufgestellt sein.“[2] Und im Kodex selbst heißt es, zu Anfang der Vorbemerkungen: „Vorstände und Aufsichtsgremien [von diakonischen Einrichtungen sind] verpflichtet, für die Beachtung betriebswirtschaftlicher Grundsätze bei der Leitung der Einrichtungen zu sorgen.“[3]

Was in diesen Texten so sonnenklar daherkommt, dürfte in der Realität diakonischen Denkens weit weniger unumstritten sein, vor allem aber: sehr viel komplizierter in der Umsetzung. Im Bewusstsein manches Verantwortlichen für diakonische Einrichtungen dürften zwei Impulse im Streit liegen: zum einen die Einsicht, dass die Berücksichtigung marktstrategischer Rahmenbedingungen inzwischen zwingend ist – und zum anderen das diffuse Gefühl, dass dabei christlich-altruistische Ursprungsimpulse diakonischen Handelns bis zur Unkenntlichkeit verblassen könnten. Und tatsächlich muss man sagen, dass die dem Umbau des deutschen Sozialstaatswesens seit den frühen 1990er Jahren geschuldete, zunehmende Ökonomisierung der Diakonie sowohl diakonischen Einrichtungen als auch den Hilfsbedürftigen eine massive Änderung des Rollenverständnisses abverlangt hat: aus den privilegierten und wirtschaftlich relativ sorgenfreien Wohlfahrtsinstitutionen sind freie Anbieter auf dem Markt von Hilfeleistungen geworden – und parallel haben sich die Hilfebedürften von Hilfeempfängern zu Kunden gewandelt. Dies gilt zwar nicht immer und überall, sondern in vielfachen Nuancierungen, aber es trifft doch den Kern. Und dieser Kern der Ökonomisierung besteht darin, dass diakonische Hilfe im Namen des Christentums zur Ware am Markt konkurrierender Anbieter geworden ist – mit allen Folgen, die damit verbunden sind.

Diese Entwicklung mag man bedauern. Sie ist aber eine unumkehrbare Realität. Es ist naiv, zu glauben, dass dieses Rad sich zurückdrehen ließe, vor allem: dass sich durch nostalgisches Abbremsen in Form von evangelischen Appellen, kirchlichen Mahnungen oder zögerlichen Umsetzungen in einzelnen Einrichtungen das staatspolitisch angetriebene Rad auf den Weg zurück bringen ließe. Was demgegenüber doch nottäte, wäre ein tief verankertes Bewusstsein, dass die marktwirtschaftliche Selbstausrichtung der Diakonie stets ein Mittel zum Zweck ist, dagegen niemals ein Selbstzweck.

Dagegen scheint es so zu sein, dass wir gegenwärtig im Inneren der Diakonie vielfach immer noch auf eine recht schwankende Haltung stoßen.[4] Obwohl der Wandlungsprozess der Ökonomisierung seit ungefähr einem Vierteljahrhundert im Gange ist, zeigen sich unentschlossene

Verhaltensmuster. Einerseits sieht man an vielen Stellen, mit welch hoher Bereitschaft manche leitende Instanzen diakonischer Einrichtungen sich den Gesetzmäßigkeiten des Marktes ebenso öffnen wie den Beratungen aus der Richtung der einschlägigen Professionen wie Betriebswirtschaftslehre, Managementlehre, Organisationsentwicklung usw. Andererseits machen sich immer wieder Restreflexe eines gestörten Verhältnisses zur Materie Geld bemerkbar, eines Habitus, in dem man „Fragen des Geldes nicht unverkrampft und transparent verhandelt, in dem man die Erwartung monetärer Vergütung zwar deutlich hegt, aber nur verschämt thematisiert"[5] und in der Gelderwerb als Grund für die Mitarbeit in diakonischen Einrichtungen immer noch als unethisch gilt. Diese Unentschlossenheit in einer überindividuellen Grundhaltung, aber auch im Bewusstsein Einzelner schlägt sich darin nieder, dass manch ein Verantwortlicher in der Diakonie die handfesten Phänomene und Wirkungen der Ökonomisierung abzuwiegeln sucht – etwa mit Beteuerungen, es ginge keineswegs um Gewinnmaximierung, es stünde der Mensch und nicht das Geld im Vordergrund, man würde nur mit christlichen Prinzipien verträgliche Elemente aus Theorie und Praxis der Ökonomie übernehmen usw. Solche Beschwichtigungen wecken Misstrauen.

Sie sind wohl auch naiv. Realistischer und konstruktiver wäre es doch wohl, dem Umstand ins Auge zu sehen und ihn auch offen anzusprechen, dass die Diakonie natürlich im Zuge der Ökonomisierung der vergangenen fünfundzwanzig Jahre einen Wandel erfahren hat, einen massiven Wandel ihrer Struktur und auch ihrer inneren Gestalt. Die „Logik des Geldes"[6] ist zur bestimmenden Funktionslogik geworden. Aber, und das sollte man stets im selben Atemzug und mit großem Selbstbewusstsein sagen, sie steht im Dienste eines alten und ungewandelten Zwecks der Diakonie, nämlich: im Namen des Christentums Menschen in Notsituationen beizustehen. Und die Diakonie beweist die Ernsthaftigkeit ihres christlichen Interesses am Menschen und ihres christlichen Menschenbildes dadurch, dass sie dieses Interesse nicht aufgibt, wenn die Bedingungen am Markt sich ändern und es dort anstrengend wird. Die Diakonie hat gezeigt, dass sie bereit und in der Lage ist zum Paradigmenwechsel, zum marktförmigen Agieren, weil es ihr ernst ist mit ihrem sozialkaritativen Interesse, auch unter gewandelten Umständen, dass sie aber nicht bereit ist, sich durch schärfer wehenden Wind am Markt von ihrem christlichen Interesse am Menschen und von ihrem christlichen Menschenbild abbringen zu lassen. Noch einmal: das ökonomische Paradigma ist kein Selbstzweck, sondern ein neues Mittel zum alten Zweck der Diakonie. Die Kenntnis und Anwendung der strengen Gesetze ökonomischer Effizienz liefern gerade die Mittel, um die aller Marktrationalität enthobenen Zielorientierungen der Nächstenliebe zu realisieren. Deshalb wäre es für die Diakonie fatal, wenn sie die ökonomischen Gesetzmäßigkeiten geringer schätzte als andere weltanschaulich neutrale Anbieter auf dem Sozialmarkt und auch als andere, auf Gewinnmaximierung abzielende Wirtschaftsunternehmen. Sie muss sie im Gegenteil besser beherrschen und strenger beachten als andere, um ihren jenseits aller Ökonomie liegenden Zweck zu erreichen. Die „Diakonie muss zunächst die Hausaufgaben des Wirts besser als andere erledigen, bevor und damit sie sich den Gestus des Samariters leisten kann.“[7]

Allerdings würde es zur Selbstverständlichkeit eines solchen Bewusstseins von der Normalität des ökonomischen Paradigmas in der modernen Diakonie gehören, dass dabei auch eine andere Selbstverständlichkeit als dauerhaft grundgefährliche menschliche Versuchung beim Namen genannt wird: wo viel Geld verschoben wird, da wird auch betrogen. Das Menschenbild der Diakonie hat sich von jeher stark orientiert an der Idee der Geschöpflichkeit des Menschen, an seiner Gottebenbildlichkeit. Dieses Menschenbild hat, aus guten Gründen, das Bild der Adressaten der Diakonie, der Hilfsbedürftigen, der unverschuldet in Not Geratenen bestimmt. Es bestimmt, subkutan, auch das Bild derer, die in der Diakonie tätig sind – als Mitarbeiter, als Kollegen, als Leiter. Umso hilfloser reagieren wir auf ethisches Fehlverhalten solcher, die in der Diakonie Verantwortung tragen. Das führt auf den zweiten Punkt.

2.

Zu den Selbstverständlichkeiten in der Außenwahrnehmung und im Selbstbild der Diakonie gehört es, dass dort „gute Menschen" arbeiten – theologisch gesprochen: nach dem Bilde Gottes geschaffene Menschen, die sich anderen Ebenbildern um deren Geschöpflichkeit willen hilfreich zuwenden. Mit der Diakonie Vertraute und dort mit allen Wassern Gewaschene wissen zwar, dass die Wirklichkeit wesentlich nüchterner aussieht, aber das Bild vom guten Menschen macht es schwerer, damit konstruktiv umzugehen, vor allem, wenn jemand dem Bild vom guten Menschen ersichtlich nicht entspricht. Um eine wirklichkeitsangemessene gedankliche Haltung zu dem Problem zu gewinnen, lohnt sich ein kurzer Blick in die realitätsgesättigte protestantische Dogmatik.

Hier ist zunächst die Lehre vom Menschen hilfreich. Sie kennt zwei gegensätzliche Grundbestimmungen des Menschen, die einander wechselseitig justieren. Es sind die Bestimmung des Menschen als des gottebenbildlichen Geschöpfes – und die Bestimmung des Menschen als des Sünders. Der Mensch ist beides zugleich, freilich in einer folgenreichen Nuancierung: Auch in der Sündhaftigkeit bleibt der Mensch prinzipiell Gottes gutes Geschöpf. Als Sünder wird er gerade nicht zum Ebenbild des Teufels, der seine Gottebenbildlichkeit verloren hätte, sondern auch sündigend ist und bleibt er das Geschöpf Gottes. Zwar realisiert er dieses geschöpfliche Sein in bestimmten, als sündhaft geltenden Momenten der Lebensführung so, dass er sein geschöpfliches Sein verdreht und verfälscht – er kann es aber niemals verlieren. Kurz gesagt: auch als Sünder bleibt der Mensch Gottes Geschöpf.

Zugegebenermaßen tritt diese dogmatische Rekonstruktion des Menschen im protestantischen Alltagsverständnis eher zurück hinter das schöne und immer wieder gern gehörte Bild vom geschöpflichen Dasein und Sosein des Menschen. Die Sündhaftigkeit des Menschen ist demgegenüber eher ein „theologisches Sperrgut“[8], das trotz seiner großen Entsprechung mit einer realistischen Wahrnehmung des Menschen im allgemeinen frommen Bewusstsein doch weniger tief verankert ist – und wenn, dann kaum als Achtergewicht zum Bild des Geschöpfes.

In der Diakonie ist es nicht anders. Wenn man aber die Implementierung von Compliance zum Anlass nehmen will, eine gewisse gedankliche Sicherheit in der Erwägung von manchen Grundorientierungen diakonischen Handelns zu vertiefen, dann könnte es lohnend sein, die Idee der strukturellen Sündhaftigkeit des Menschen auch einmal auf die in der Diakonie Tätigen zu beziehen.

Noch einmal hilft die Dogmatik weiter. Die anthropologische Idee, dass die Sündhaftigkeit des Menschen seine Geschöpflichkeit nicht in Frage stellt, also seine Gottesbeziehung nicht aufs Spiel setzt, wird in der Sündenlehre fortgesetzt durch die Bestimmung der Sünde als der Differenz zwischen Sein und Sollen. Die reformatorische Dogmatik verweist hier auf Paulus, der in Röm 7 der christlichen Theologie den Gedanken eingeprägt hat, die Sünde nicht in einer äußeren Gesetzesverfehlung zu lokalisieren (auch wenn dieses Verständnis bis auf den heutigen Tag lebendig geblieben ist), sondern in der Differenz zwischen dem Wollen und dem Vollbringen des Guten.[9] Der Unterschied zwischen dem, was sein sollte und dem, was ist, das ist die Sünde; genauer: der Unterschied zwischen dem, was Gott ebenso sehr will wie das menschliche Herz und dem, was Menschen gleichwohl daraus machen, indem sie in ihrer konkreten Lebensführung der Wirklichkeit der Freiheit widersprechen und in ihrem Tun ihre Bestimmung verfehlen, das ist die Sünde. Sünde als Differenz zwischen Sein und Sollen zeigt sich in ganz unterschiedlichen Bereichen der Lebensführung: in den konkreten Vollzügen, die das Verhältnis des Menschen zu Gott annimmt, zu seinen Mitmenschen, zu sich selbst, zu seinen eigenen, geschöpflich gegebenen Möglichkeiten und Bestimmungen ebenso wie zu seinen Grenzen, zu seiner Umwelt und seinen Lebensräumen und so weiter. Stets besteht die Sünde darin, dass die Realität der Lebensführung zurückbleibt hinter dem, was diese Lebensführung sein sollte.

Dieses Verständnis der Sünde widerspricht dem Gedanken der Treue Gottes zu seinem Geschöpf nicht, es widerspricht auch nicht dem Gedanken der in Christus gegebenen Freiheit von Schuld, sondern genau umgekehrt ist dieses Verständnis der Sünde abgeleitet aus dem Verständnis des Menschen, der vor Gott gerechtfertigt ist allein aus Gnade, und zwar auch noch in seiner Sündhaftigkeit.

Die Differenz von Sein und Sollen nimmt einen zentralen Ort in der Sicht des Menschen auf sich selbst ein, und zwar genauer: in der Sicht eines jeden Menschen auf das Ganze seiner Lebensführung. Die Lebensführung eines jeden Menschen ist durchzogen von dieser Grunddifferenz zwischen Sein und Sollen – sie ließe sich geradezu am Leitfaden dieser Differenz rekonstruieren, ebenso zugewandt wie ungeschminkt. In dieser Perspektive wird eine vollgültige und im Kern wertvolle Teilnahme des Menschen an der Wirklichkeit des Lebens auch dort sichtbar, wo einzelne Momente der Lebensführung und Weltgestaltung eine problematische Gestalt annehmen. Diese problematischen Gestaltungen einzelner Aspekte können nun aber umso nachdrücklicher, unbeschönigter und unverhüllter gesehen werden, von ihm selbst und von anderen. Denn schlechterdings jeder Mensch führt sein Leben unter dieser Differenz zwischen Sein und Sollen – manchmal mehr, manchmal weniger, aber im Ganzen unentrinnbar. Sie ist Ausdruck der prinzipiellen Unvollkommenheit eines jeden Menschen.

Zurück von diesem Ausflug in die Dogmatik zum Ausgangspunkt, zur Leitung in diakonischen Einrichtungen. Es ist anzunehmen, dass, wenn uns diese protestantisch-nüchterne und zugleich perspektivenreiche Sicht auf die Sünde nicht ständig verstellt und verschleiert würde durch diffuse Vorstellungen vom guten Menschen, wir sehr viel klarere Haltungen zu den großen und kleinen Unzulänglichkeiten der Mitarbeiter und Leiter in der Diakonie gewönnen. Diese Haltungen wären einerseits durch etwas größere Strenge im Blick auf die Bewertung dieser Unzulänglichkeiten gekennzeichnet; sie wären andererseits in sehr viel stärkerem Maße getragen von dem Bewusstsein, dass diese Unzulänglichkeiten nicht den Personkern berühren, sondern Ausdruck einer prinzipiellen Differenz von Sein und Sollen sind, der die Lebensführung eines jeden Menschen unterliegt, einschließlich der eigenen, und darum klarer angesprochen werden könnten. Das hieße: An die Stelle der weit verbreiteten Bereitschaft, alles zu verstehen und zu verzeihen, die vielfach zu lascher Aufsicht zu führt und problematische Grauzonen eröffnet, träte die genauere, aber zugleich demütigere Kommunikation des Unzulänglichen mit den Betroffenen. Denn das Unzulängliche diskreditiert nicht den Menschen als ganzen, sondern betrifft ihn, sofern er wie alle Menschen in unterschiedlichen Gradationen der Differenz zwischen Sein und Sollen lebt. Und diese Kommunikation des Unzulänglichen könnte in Einrichtungen der Diakonie sehr viel selbstbewusster erfolgen, weniger verschämt, weil sie im Einklang mit dem protestantischen Menschenbild steht und nicht etwa ihm widerspricht. Etwas geringer wäre so vielleicht das Risiko für die bekannten großen und kleinen Skandale, die stets damit beginnen, dass aus gutgemeinten Gründen die Augen stärker zugedrückt werden als eigentlich richtig wäre und Konflikten aus dem Weg gegangen wird, dass allzu lange weggeschaut wird bei dieser oder jener Unregelmäßigkeit, weil man ja doch dem guten Menschen nicht an den Karren fahren kann – bis dann die Katastrophe unübersehbar wird, mit den bekannten Folgen für den Ansehensverlust nicht nur der betroffenen Einrichtung, sondern der Diakonie als Ganzer, dem dann mit der Implementierung von Compliance aufgeholfen werden muss.

3.

Alle Maßnahmen einer Implementierung von Compliance dienen dem Ziel, das Vertrauen in die Einrichtungen der Diakonie und deren Leitung zu stärken. Eine zentrale Maßnahme, mit der dieses Ziel einer Stärkung des Vertrauens erreicht werden soll, besteht in der Anwendung von Codices, allen voran der bereits erwähnte, 2005 beschlossene Diakonische Governance Kodex. Auch andere Regelwerke, etwa Corporate Governance Codices in einzelnen Landesverbänden der Diakonie Deutschland[10] oder Transparenzstandards[11] wären zu nennen. So liest man im Vorwort des Diakonischen Corporate Governance Kodex: Mit dem Kodex geht es der Diakonie „um das Vertrauen der Menschen, für die diakonische Einrichtungen und Dienste da sind, sowie um das Vertrauen der Öffentlichkeit, der Mitarbeitenden, der Politik und der Menschen, die die Diakonie mit ihren Spenden unterstützen."[12] Später heißt es im Text: Der Diakonische Corporate Governance Kodex „leistet […] einen Beitrag […] zu einer Stärkung des Vertrauens der Öffentlichkeit, aber auch speziell der (potentiellen) Nutzerinnen und Nutzer, der Spenderinnen und Spender, der Sozialleistungsträger, öffentlicher Zuwendungsgeber oder der Banken, aber auch der Kirchen und der Mitarbeitenden in die Qualität der Arbeit der Diakonie und die Führung ihrer Einrichtungen und Dienste“[13]. In den 2010 beschlossenen Transparenzstandards heißt es einleitend: Damit, die Transparenzstandards in Form einer Selbstverpflichtung der Rechtsträger in der Praxis wirksam werden zu lassen, „wäre ein weiterer Schritt zur Verbesserung der Transparenz und damit zur Stärkung des Vertrauens der Öffentlichkeit in die Arbeit kirchlicher Wohlfahrtsverbände [...] getan.“[14] Das wird im Text an mindestens fünf Stellen wiederholt.

So gut das gemeint ist und so sehr das Bedürfnis nachvollziehbar ist, so sehr stellt sich doch die Frage: kann ein Gesetz oder auch nur ein *Soft law* Vertrauen hervorrufen? Noch einmal: es geht auch jetzt nicht darum, die Maßnahmen zur Implementierung von Compliance zu diskreditieren. Sie sind da und sie sind offensichtlich notwendig. Aber aus theologischer Perspektive sollte man, im Sinne einer kritischen Selbstreflexion, doch einmal kurz fragen, ob Gesetze und Ordnungen nicht überlastet sind mit dieser Aufgabe, Vertrauen herzustellen.

Natürlich ist, um kurz daran zu erinnern, im protestantischen Christentum die Bedeutung des Gesetzes nicht einfach suspendiert. Gesetz und Evangelium gelten als zwei unterschiedliche Weisen des einen Willens Gottes. Am Gesetz, genauer: daran, dass der Mensch die Forderungen des Gesetzes niemals vollständig erfüllen kann, erfährt der Mensch zunächst sein Angewiesensein auf die gnädige Zuwendung Gottes allein aus Gnade, wie sie im Evangelium offenbar wird. Daneben besteht die politische und soziale Ordnungsfunktion des Gesetzes: auch der begnadete Sünder benötigt das Gesetz als Orientierungshilfe, denn an ihm ist der Wille Gottes ablesbar.

Nur: von der Erfüllung oder Nichterfüllung des Gesetzes hängt die Gottesbeziehung des Menschen nicht ab. Das Gesetz ist dieser Sphäre einer Regelung der Beziehung zwischen Gott und Mensch vollkommen entnommen. Und zwischen Menschen regelt das Gesetz wohl die äußeren Beziehungen, aber niemals die inneren. Das Gesetz, ob es das mosaische Gesetz ist oder das Bürgerliche Gesetzbuch oder ein Corporate Governance Codex, hat die Funktion, einen Ordnungsrahmen bereitzustellen, gegebenenfalls auch einen Ordnungsrahmen für die guten Werke. Und es mag auch dienen zur Unterscheidung dessen, was sein soll und dessen, was ist. Die Hoffnung aber, dass es die inneren, emotionalen Beziehungen zwischen Menschen begründen oder bekräftigen könnte, dass es Vertrauen schaffen oder bewirken könnte, die überfrachtet doch wohl die denkbare Funktion eines jeden Gesetzes und ist am Ende eine naive Hoffnung.

Vielleicht aber ist mit den einschlägigen Formulierungen gar nicht das Gesetz selbst gemeint, sondern vielmehr, dass derjenige, der sich ein Gesetz zu eigen macht, Vertrauen verdient? Dann muss man fragen, wie Vertrauen entsteht. Das führt auf den vierten und letzten Punkt.

4.

Niklas Luhmann hat 1968 in einer kleinen, vielzitierten, schnell aphoristisch gewordenen Definition Vertrauen als „Zutrauen zu eigenen Erwartungen“[15] bestimmt. Diese Definition stand im Zusammenhang einer Theorie, der zufolge Vertrauen der Reduktion von Komplexität dient und eine konstruktive Form des Umgangs mit der Einsicht ist, dass dem Vertrauenden im Grunde Informationen fehlen, die er bräuchte, um Sicherheit zu haben. Doch dieser Zusammenhang soll hier nicht weiter verfolgt werden, sondern es soll der unscheinbaren Definition weiter nachgegangen werden. Vertrauen, so die Pointe der kurzen Definition, Vertrauen ist im Kern zunächst einmal nicht das Zutrauen von A zu B, sondern das Zutrauen, das A zu seinen eigenen Erwartungen an B hat.

Diese Erwartungen haben sich im Laufe der Zeit aufgebaut, A hat Gründe für sie gewonnen. Aber diese Gründe sind keine direkte, automatische, unmittelbare Reaktion auf Handlungen von B. Diese Gründe bauen sich relativ unabhängig von B auf. Deswegen kann es sein, dass A Vertrauen zu B gewinnt, C aber möglicherweise dieses Vertrauen zu B nicht gewinnt, obwohl B sich beiden gegenüber gleich verhalten hat.

Die Umkehrprobe kann man machen durch die Beobachtung erschütterten Vertrauens. Der Anlass erschütterten Vertrauens besteht auch nicht primär in einem Handeln des anderen. Ein und dasselbe Handeln mag dem einen das Vertrauen zerstören, dem anderen bleibt es erhalten. Der Kern erschütterten Vertrauens liegt darin, dass jemand den in ihm selbst gewachsenen Gründen für die Erwartungen, die er hegen konnte, nicht mehr traut. Diese Beobachtung ist gewissermaßen ein weiterer Beweis für die Ausgangseinsicht: Vertrauen ist nicht primär Zutrauen zum Anderen, sondern Zutrauen zu den eigenen Erwartungen.

Die Pointe dieser Beobachtung, dass Vertrauen im Kern das Zutrauen zu den eigenen Erwartungen ist, liegt darin, dass der Vertrauende zwar Gründe für das Entstehen des Zutrauens zu den eigenen Erwartungen hat; Gründe, die durchaus auch mit dem Handeln oder dem Dasein dessen zu tun haben, dem das Vertrauen entgegenbracht wird – dass diese Gründe sich im Kern aber der Verfügung durch den, dem das Vertrauen entgegengebracht wird, entziehen. Vertrauen hat Gründe, aber diese Gründe liegen im Vertrauenden und sind dem Einfluss dessen, dem das Vertrauen entgegengebracht wird, weitgehend entnommen. Das ist der Grund für die Binsenwahrheit, dass Vertrauen sich nicht erzwingen lässt.

Vertrauen, so kann man die kleine Definition nun weiter ausdeuten, Vertrauen entsteht in einem Prozess, und zwar in einem Prozess, in dem zunächst einmal der Vertrauende initiativ wird. Er ist zunächst der eigentlich Handelnde und wirft etwas in den Ring – das Zutrauen zu seinen eigenen Erwartungen eben. Erst anschließend wird derjenige, dem das Vertrauen gilt, aktiv, indem er die Gründe, die der Vertrauende für das Zutrauen zu seinen Erwartungen hatte, kontinuierlich bestätigt.

Worin aber besteht dieses Kontinuierliche und Prozesshafte genauer? Es besteht darin, dass der Vorgang der Entstehung von Vertrauen auf Dauer gestellt und in einen Vorgang der permanenten Erhaltung von Vertrauen umgewidmet wird. Es muss eben immer wieder Erlebnis- oder Erfahrungssituationen geben, in denen sich im Vertrauenden Gründe dafür aufbauen, Zutrauen zu seinen Erwartungen zu erhalten und zu bewahren.

Und wie soll man sich näherhin diese Keimzell-Momente der Entstehung von Vertrauen vorstellen, also jene Momente, in denen der Vertrauende Gründe für das Zutrauen zu seinen Erwartungen gewinnt? Im Kern sind es wohl stets Situationen, in denen prinzipiell die Möglichkeit des Vertrauensbruchs gegeben ist, weil derjenige, dem das Vertrauen entgegengebracht wird, einen persönlichen Vorteil aus dem Vertrauensbruch ziehen könnte. Er stellt dieses Interesse am persönlichen Vorteil aber zurück, nutzt die Situation nicht zu seinen Gunsten aus. Dadurch bauen sich im Vertrauenden Gründe auf, Zutrauen zu den eigenen Erwartungen zu haben, dass diese Beziehungskonstellation auf Dauer tragfähig sein könnte.

Soviel zur Auslegung dieser kleinen Definition. Wenn man ihr zustimmt, dann ergibt sich daraus eine Reihe von Konsequenzen für die Entstehung von Vertrauen in die Diakonie: für das Vertrauen, das Klienten und Klientinnen, Mitarbeiter und Mitarbeiterinnen, Kooperationspartner, öffentliche Zuwendungsgeber, Banken, Kirchen, Spender und Spenderinnen zur Diakonie aufbauen. Diese Konsequenzen sind zum einen entlastend, weil sich zeigt, dass der Aufbau von Vertrauen in die Diakonie großenteils außerhalb der Verfügung der Diakonie steht; zum anderen verkomplizieren sie die Dinge aber auch, weil sich zeigt, wie schwer verlorenes Vertrauen wieder hergestellt werden kann. Doch der Reihe nach.

Zunächst: Vertrauen zur Diakonie entsteht nicht, weil die Diakonie es sich selbst verdient hätte, sondern weil Menschen ihren eigenen Erwartungen an die Diakonie trauen. Vertrauen in die Einrichtungen und Unternehmen der Diakonie, in ihre Mitarbeiter und Leiter, in ihre Arbeit und in ihren Geist lässt sich nicht herstellen, es entsteht.

Natürlich liefert die Diakonie Gründe. Und auf diese Gründe kann sie zu Recht und mit einigem Selbstbewusstsein stolz sein. Ich nenne stichwortartig[16] nur vier: Erstens, Diakonische Einrichtungen nehmen den Einzelnen in den Blick und machen Ernst mit dem Grundsatz, dass alle Handlungen des Christentums in letzter Konsequenz dem einzelnen Menschen dienen. Zweitens, diakonische Einrichtungen betrachten ihre pflegerischen, medizinischen und sozialfürsorgenden Handlungen nicht isoliert auf das einzelne Symptom hin, sondern im Kontext des ganzen Menschen. Drittens, diakonische Einrichtungen verfolgen keine auf sich selbst bezogenen Gewinn- oder Nutzenoptimierungen. Viertens, die individuelle Sozialfürsorge der Diakonie wird flankiert durch die sozialpolitisch agierende Diakonie. Außer der Diakonie (und der Caritas) gibt es kein Sozialunternehmen, das unter ein und demselben Label politisch an der Aufhebung der Gründe arbeitete, die seinen ökonomischen Erfolg bedingen. Solche und andere Gründe könnte man nennen, die die Diakonie liefert, und zwar konstant, zuverlässig, Tag für Tag. Das sollte man nicht unterschätzen.

Aber wenn aus diesen Gründen Vertrauen entsteht, so verdankt sich das nicht der wirksamen, gezielten, intentionalen Zurschaustellung dieser Gründe, einer Überzeugungsarbeit der Diakonie. Wenn diese Gründe von anderen so bewertet werden, dass in ihnen Zutrauen zu den eigenen Erwartungen an die Diakonie entsteht, so ist das im Kern ein Vorgang auf Seiten des vertrauengewinnenden Subjekts und damit ein Vorgang, der dem gezielten Einfluss der Diakonie entzogen ist.

Sodann: Vertrauen in die Diakonie baut sich nicht auf dadurch, dass die Diakonie das Ziel ausgibt, Vertrauen zu gewinnen, sondern Vertrauen entsteht auf dem Weg permanenter Bestätigung und Festigung. Welche Aktionen der Diakonie vertrauensbildend wirken, im Alltag oder auch in der Krise und hier jeweils vertrauensbildend in dem Sinne, dass Menschen Zutrauen zu ihren Erwartungen an die Diakonie gewinnen oder erhalten, das entzieht sich der Verfügung.

Weiter: Das Vertrauen in diakonische Einrichtungen gewinnt man nicht schlagartig und ein für alle Mal, sondern es basiert darauf, dass es sich Tag für Tag bewährt, stets von neuem und zuverlässig. In immer wieder neuen Konstellationen, aus immer wieder neuen Anlässen wird die ursprüngliche Situation des Vertrauensgewinns nachgestellt, der Verzicht auf die Ausnutzung eines persönlichen Vorteils. Aber so sehr der Gewinn des Vertrauens eine Sache der Stetigkeit ist, so sehr ist der Verlust des Vertrauens eine Sache des Augenblicks. Vertrauen ist schnell verspielt, in der Regel schlagartig.

Und schließlich: All das, was das Ansehen einzelner diakonischer Einrichtungen und damit dann auch das Ansehen der Diakonie als ganzer gefährdet, all die Skandale und Skandälchen um persönliche Bereicherung, um Veruntreuung, um die Ausnutzung von Macht und Stärke ist deswegen so ruinös, weil es bei den Klienten, bei den Mitarbeitern, bei den Kooperationspartnern, in der Öffentlichkeit als Vertrauensbruch wirkt. Wenn das gleiche in For-Profit-Unternehmen vorkommt, so ist man weniger überrascht, weil das dort herrschende Interesse am persönlichen Vorteil nicht überraschend ist. Geschieht dies hingegen in der Diakonie, bewirkt es den Bruch des Vertrauens, den Bruch des Zutrauens in die eigenen Erwartungen an die Diakonie.

Zusammenfassend lässt sich sagen: Compliance heißt, sich des Selbstverständlichen zu erinnern. Die durch die Compliance ausgelösten theologischen Reflexionen auf einige gedankliche Fundamente diakonischer Arbeit haben eine Reihe von Selbstverständlichkeiten zutage gefördert. Zunächst einmal werden wir daran erinnert, dass das ökonomische Paradigma faktisch in Geltung steht in den großen diakonischen Unternehmen – und dass es keinen Grund gibt, damit verschämt umzugehen. Wir werden erinnert an die Selbstverständlichkeit der strukturellen Sündhaftigkeit des Menschen und dazu ermuntert, mit dieser Grundeinsicht etwas offensiver umzugehen, weil das konstruktive Folgen haben dürfte für den Alltag in der Leitung diakonischer Einrichtungen. Wir werden an die sinnvolle Funktion von Gesetzen erinnert – an das, was sie leisten können und an das, was man besser nicht von ihnen erwarten sollte, eine Verbesserung der Welt. Und wir werden daran erinnert, dass der Aufbau des Vertrauens in die Diakonie zwar nicht unabhängig ist von den vielen guten Gründen, die die Diakonie dafür liefert, aber keinesfalls in der Hand der Diakonie liegt.

Compliance ist, so ließe sich in theologiehistorischer Perspektive konstatieren, die Ergänzung von innerer Verbindlichkeit durch äußere Verbindlichkeit. Fast könnte man es, um der Verdeutlichung und Zuspitzung willen, in konfessionskultureller Perspektive beschreiben: Wenn die protestantische Maxime darin besteht, auf innere Verbindlichkeit zu setzen und demgegenüber äußere Verbindlichkeit als etwas Äußerliches, Anempfundenes und im Kern Unwesentliches einzuschätzen – und wenn demgegenüber die katholische Maxime darin besteht, um der Markanz und Erkennbarkeit willen äußere Verbindlichkeit als Demonstration der Zugehörigkeit hochzuschätzen und entsprechend höher zu werten als die schwer substantiierbare innere Verbindlichkeit, dann ließe die Implementierung von Compliance in der Diakonie sich als ein

Vorgang des Zusammenwachsens der Perspektiven beschreiben, indem die gegenwärtige Diakonie dem uralten protestantischen Prinzip der inneren Verbindlichkeit nun das katholische Prinzip der äußeren Verbindlichkeit zur Seite stellt.

In diesem Sinne bedeutet die Implementierung von Compliance zunächst die Festschreibung von Erwartungen der jeweiligen diakonischen Einrichtung bzw. ihrer Leitung an die Mitarbeiter. Sie ist dies aber weniger im Sinne einer zusätzlichen Forderung, sondern eher als Dokumentation eines Zutrauens der Diakonie in die eigene Fähigkeit zur Compliance, man könnte auch sagen: als Dokumentation des Zutrauens der Diakonie in die eigenen Erwartungen an sich selbst. Kurz: Compliance ist die Demonstration des Selbstvertrauens der Diakonie.

Gegenwartsbereitschaft. Zur Zukunftsfähigkeit der Diakonie

„Gütig hüllt in Finsternissen Gott die Zukunft ein“[1], dieser Gesangbuchvers kommt einem schnell in den Sinn, wenn die Frage nach der Zukunftsfähigkeit der Diakonie aufgeworfen wird. Aber der Vers verschwindet einem auch ebenso rasch wieder aus dem Kopf, wenn man sich die diakonischen Texte zur Zukunft der Diakonie anschaut. Zu drängend ist die Notwendigkeit, verlässliche Prognosen über die gesellschaftlichen, sozialen und ökonomischen Rahmenbedingungen der Zukunft zu erhalten, um die Diakonie in einer den kommenden Gegebenheiten adäquaten Weise aufzustellen. Zu deutlich ist die Erfordernis, sich heute Gedanken zu machen darüber, wie die Diakonie auch morgen ihren Auftrag zum sozialen Hilfehandeln im Namen des evangelischen Christentums erfüllen kann. Zu klar ist, dass Phantasielosigkeit und Planlosigkeit die Gefahr der Selbstauslöschung in sich bergen. Darum muss man sich der Zukunft zuwenden, muss sich ihr prognostisch zuwenden, wach und selbstkritisch. Und so geschieht es denn ja auch in den diakonischen Unternehmen und Einrichtungen, sinnvollerweise.

Worin kann die Aufgabe der Theologie dabei bestehen? Sie kann kaum in der Beteiligung an der gesellschaftlichen, sozialen, ökonomischen Prognostik bestehen. Sie kann auch die in der Diakonie Verantwortlichen nicht davon entlasten, sich insbesondere auf die zu erwartenden ökonomischen und rechtlichen Bedingungen einzustellen. Die Theologie kann aber diese Überlegungen zur Zukunftsfähigkeit der Diakonie analytisch begleiten. Das heißt, sie kann erstens versuchen, die diakonischen Überlegungen zur Zukunftsfähigkeit zu beleuchten und zu interpretieren. Sie kann zweitens versuchen, zu beschreiben, welche impliziten Voraussetzungen die Frage nach der Zukunftsfähigkeit der Diakonie mittransportiert. Und sie kann drittens versuchen, aus diesen Analysen Kriterien für die Zukunftsfähigkeit der Diakonie abzuleiten – sicher keine unmittelbaren, operativen Imperative für die Alltagsarbeit der Leiter von diakonischen Einrichtungen, aber doch eine Beschreibung von Aspekten, die bei der Suche nach der Zukunftsfähigkeit der Diakonie nicht außer Acht gelassen werden dürften.

Mit diesen drei Aufgaben sind schon die drei Abschnitte der folgenden Überlegungen benannt. In einem ersten Teil soll kurz und in der Art einer Bestandsaufnahme ein Überblick gegeben werden über den Ton, der in den diakonischen Überlegungen zur Zukunftsfähigkeit angeschlagen wird; über die Stimmung, die dort herrscht. In einem zweiten Abschnitt ist ein Schritt zurückzutreten und die vermeintliche Selbstevidenz der Formel von der Zukunftsfähigkeit einmal in Frage zu stellen. Welche Selbstverständlichkeiten werden unter der Hand mitgeführt, wo von der Zukunftsfähigkeit der Diakonie die Rede ist? Und in einem dritten Teil soll umrissen werden, welche Aspekte einer – bisweilen recht unzeitgemäßen – Gegenwartsbereitschaft der Diakonie auch zukünftig nicht verloren gehen dürften.

1.

Zunächst also zur Frage nach der Zukunftsfähigkeit in diakonischen Texten. Natürlich ist es sinnvoll und ohne jeden Zweifel notwendig, dass die Diakonie sich Gedanken über ihre eigene Zukunftsfähigkeit macht. Aber gerade deswegen fällt es doch auf, dass die entsprechenden Überlegungen in aller Regel einen merkwürdig formelhaften Eindruck erwecken. Sie wirken vielfach wie vorgestanzt, ebenso erwartbar wie inhaltsleer. Bisweilen scheint es, als würde die Formel von der Zukunftsfähigkeit wie ein Mantra eingesetzt, als würde die rhetorische Beschwörung von Zukunftsfähigkeit schon deren Tatsächlichkeit garantieren.

Einige Beispiele mögen das illustrieren. Der erste Blick geht in Programmtexte zur Altenarbeit. Hier konstatiert eine Handreichung aus dem Jahr 2012: „Eine zukunftsfähige kirchliche Altenarbeit wird Angebote machen müssen, die für alte und sehr alte Menschen attraktiv ist“[2]. Oder es wird gefordert die Förderung und Begleitung „de[s] Wandel[s] zur zukunftsfähigen Seniorenarbeit in den Gemeinden durch Vernetzung, Konzeptentwicklung und Entwicklung innovativer Projekte.“[3] Eine Handreichung für Altenarbeit aus dem Jahr 2011 sucht nach demographisch gebotenen neuen Formen der Altenarbeit und wirbt für die Entdeckung des „lokale[n] Gemeinwesens als Aktionsraum für die Gestaltung des Gemeinde- und Nachbarschaftslebens“ mit der Begründung, dies sichere „die Zukunftsfähigkeit von Gemeinwesen“[4] in einer älter werdenden Gesellschaft. Solche Allgemeinplätze finden sich auch in anderen Zusammenhängen. So wird die Gemeinsamkeit von Kirche und Diakonie angemahnt mit der

Begründung, „nur zusammen schaffen Kirche und Diakonie einen Aufbruch zu einem zukunftsfähigen diakonischen Gemeindeaufbau“[5]. Überregional tätige diakonische Unternehmen sollen sich stärker im lokalen Kontext orientieren, nur dann würden sie „zukunftsfähig“[6]. Ersichtlich ist, dass die Formel von der „Zukunftsfähigkeit“ hier jeweils als *Begründung* für das gegenwärtig Gewünschte fungiert. So ist es auch, wenn demographische Prognosen zur Begründung für die politische Forderung nach einer „migrationsfreundlicheren Politik“[7] herangezogen werden.

Daneben kann „Zukunftsfähigkeit“ auch als *Qualitätsmerkmal* der gegenwärtigen diakonischen Arbeit eingespielt werden, bisweilen in sprachlichen Varianten der Zukunftsfähigkeitsformel. So beansprucht das Positionspapier „Prävention und Bekämpfung von Altersarmut“ aus dem August 2013, einen substantiellen Beitrag zu einer „zukunftsfesten Weiterentwicklung“ der gesetzlichen Rentenversicherung darzustellen.[8] Und Überlegungen zum demographischen Wandel, ebenfalls aus diesem Jahr, messen die Qualität diakonischer Angebote, Einrichtungen und Dienstleistungen daran, ob sie „demografiefest“ sind.[9]

Schon diese wenigen Zitate lassen wesentliche Kennzeichen der Debatte um die Zukunftsfähigkeit erkennen. Abgestellt wird ganz und gar auf die *Gestaltbarkeit* der Zukunft. Die Zukunft der Diakonie wird als eine Handlungsaufgabe gesehen, als Aufforderung zum geplanten und gezielten, gemeinsamen und umsteuernden Handeln. Von unserem entschlossenen und an gemeinsamen Zielen ausgerichteten Handeln hängt es ab, ob die Diakonie Zukunft hat. Ein letztes, abschließendes und zusammenfassendes Zitat dazu, es stammt von Jürgen Gohde, ehemals Präsident des Diakonischen Werks der EKD, der Betrachtungen zu den Herausforderungen diakonischer Arbeit folgendermaßen zusammenfasst. „Daraus ergibt sich Handlungsbedarf für eine zukunftsfähige Diakonie: Sie muss ihren kirchlichen Charakter stärken, den demographischen Änderungen gerecht werden, entsprechende Versorgungsformen konzipieren und sowohl den Anforderungen sozialräumlicher und gemeindlicher Gegebenheiten Rechnung tragen wie den zunehmenden Wettbewerbssituationen auf europäischer Ebene.“[10]

Die wenigen Beispiele mögen genügen. Sie zeigen bereits hinreichend, dass der Formel von der Zukunftsfähigkeit eine gewisse Selbstevidenz zugesprochen wird. Was Zukunftsfähigkeit sei und dass sie sinnvoll sei, wird als selbstverständlich unterstellt. Alles Gute ist das Zukunftsfähige, alles Zukunftsfähige ist das Gute. Zur Debatte steht lediglich, wie wir Zukunftsfähigkeit handelnd realisieren. Außer Frage steht aber, dass die Zukunft – welche auch immer – unsere zentrale Gestaltungsaufgabe darstellt.

Nun muss man, vor weiterem Nachdenken, sagen, dass die diakonischen Überlegungen damit keinesfalls allein stehen, sondern sich in bester Gesellschaft befinden. Denn der Begriff ist, obwohl älter und bereits in Grimms Wörterbuch, im letzten Band von 1954, als eingespielt belegt[11], doch prominent geworden insbesondere durch die Studie „Zukunftsfähiges Deutschland“ aus dem „Wuppertal Institut für Klima · Umwelt · Energie“ vor zwanzig Jahren.[12] Der Begriff firmiert hier als ein ideenpolitisch aufgeladener Programmbegriff, nämlich als eine mögliche, über die engere umweltpolitische Bedeutung hinausreichende

Übersetzung der *Sustainability*. Der Begriff lebte schon dort weniger von dem bestimmten Inhalt, den er bezeichnen sollte, sondern von dem Bedeutungshof, den er aufruft – und vom Handlungsappell, genauer: vom Appell an die Beendigung des gegenwärtigen, falschen Handelns und an den sofortigen Beginn eines neuen, richtigen Handelns. Hinzu kommt: der Begriff wird in den kirchlichen Reformdebatten in einer der diakonischen Verwendung ganz verwandten Weise benutzt – ich erinnere hier nur sehr kurz an die auf dem „Zukunftskongress" der EKD 2007 vorgestellten Leuchtfeuer zur Zukunft der Kirche, die das Ziel hatten „die Kirche [...] zukunftsfähig werden und wachsen"[13] zu lassen.

Gleichwohl scheint es mir lohnend, einmal einen Schritt zurückzutreten und zu fragen, ob denn eigentlich so selbstverständlich und klar ist, was „Zukunftsfähigkeit" bedeuten soll, wie es die eingespielte Verwendungsweise des Begriffs suggeriert. Bei Lichte besehen führt die eingespielte Rede von der Zukunftsfähigkeit, wie sie sich in den genannten und anderen Texten zeigt, eine ganze Reihe von problematischen Voraussetzungen mit sich. Man muss sich gut überlegen, ob man diese impliziten Hypothesen eigentlich teilt oder teilen will. Daher sollen im nächsten Gedankenschritt fünf dieser meines Erachtens fragwürdigen, aber doch implizit mitgeführten Voraussetzungen erwogen werden.

2.

Fragt man nach impliziten Hypothesen in der Forderung nach Zukunftsfähigkeit, so fällt als erstes auf, dass die eingespielte Rede von der Zukunftsfähigkeit, wie sie zum Beispiel in den genannten Texten zum Ausdruck kommt, von einer merkwürdig zwiegespaltenen Sicht auf die Zukunft gekennzeichnet ist. Diese Sicht basiert nämlich zugleich auf einem enormen Optimismus in die Gestaltbarkeit der Zukunft wie auf einem ebenso massiven Schwund des Vertrauens in die Zukunft als solche. Anders gesagt: es fehlt sowohl an dem feinzeichnenden Blick auf die strukturelle Offenheit der Zukunft wie an einer differenzierten Vorstellung von den Grenzen des Handelns. Vielmehr herrschen zwei Einseitigkeiten einträchtig nebeneinander. Die Zukunft wird, ganz einseitig, als Bedrohung der gegenwärtigen Substanz gesehen – und es wird zugleich, ebenso einseitig, die Möglichkeit der handelnden Bewältigung, der entschlossen agierenden Bezwingung dieser bedrohlichen Zukunft unterstellt. Die christliche Zukunftsvorstellung kennt die Unterscheidung zwischen der Zukunft Gottes und der von Menschen zu gestaltenden Zukunft als Unterscheidung zwischen dem, was Menschen selbst tun können, auch tun müssen – und dem, was man nur Gott überlassen kann. Der christliche Glaube kennt ja zwei Formen der Zukunft. Er unterscheidet *gestaltbare* Zukunft von *kommender* Zukunft. Es gibt zum einen das im geschichtlichen Zeitverlauf Zukünftige, also das geschichtliche *futurum*, das – jedenfalls zum Teil – vom Menschen gestaltbar ist. Davon zu unterscheiden ist aber der Gedanke einer absoluten und definitiven, aus den Weltverhältnissen nicht ableitbaren, von Gott der Welt zugesprochenen Zukunft im Sinne der Ankunft Gottes, die in der christlichen Hoffnung auf die letzten Dinge mit der Erwartung der Wiederkunft Christi verbunden ist. Es ist dies die Zukunft nicht als *futurum*, sondern als *adventus*. Und gerade weil diese Zukunft als *adventus* der menschlichen Gestaltung entzogen ist und auch keine zeitlich-geschichtliche Möglichkeit darstellt, begrenzt und relativiert die Zukunft als *adventus* die Bedeutung der Zukunft als *futurum*.[14]

Diese Unterscheidung taucht in den genannten Texten kaum auf, dafür aber die Verknäuelung zweier recht doktrinärer Vorstellungen: diejenige von der per se bedrohlichen Zukunft und diejenige einer durch effiziente menschliche Gestaltung bezähmbaren Zukunft. Die Frage nach der Zukunftsfähigkeit ist darum immer und sofort der Appell an ein bestimmtes menschliches Handeln zur Rettung aus dem drohenden Untergang.

Nun kann man sich leicht erklären, wie diese Vorstellung sich in das Denken hineingeschlichen hat. Es liegt daran, dass hier insbesondere diejenigen reden, die die entsprechenden administrativen Maßnahmen selbst durchzuführen und zu verantworten haben. Es sind nicht Beobachter, sondern die Akteure selbst, die reden. Dieser organisationspragmatische Kontext hat Einsichten in die Begrenztheit des Handelns verdrängt, also: in die Grenzen der Reichweite, der Tiefe und der Treffsicherheit des Handelns. Das gleich in stärker theologisch-dogmatischer Sprache gesagt: Organisationspragmatik ist an die Stelle eschatologischer Selbstrelativierung getreten.[15]

Das ist nachvollziehbar im Blick darauf, dass diejenigen, die für die Organisationsentwicklung diakonischer Einrichtungen und Unternehmen zuständig sind, an ihrem Erfolg gemessen werden, nicht an der Tiefe ihrer im Glauben wurzelnden, eschatologisch begründeten Selbstzurückhaltung. Gleichwohl ist das Verblassen des Unterschiedes zwischen der Zukunft Gottes und der von Menschen zu gestaltenden Zukunft problematisch, und zwar genau für die genannten Personen. Es ist problematisch nicht schon deswegen, weil es unfromm wäre, sondern weil es die Verantwortung für das Kommende ganz allein in die Hände derjenigen legt, die heute an die Zukunft denken müssen und sich steuernd auf sie einstellen müssen. Es handelt sich um eine massive Überforderung derjenigen, die Verantwortung übernehmen; und soweit sie selbst die Rede von der Zukunftsfähigkeit im Munde führen und sich für die Zukunftsfähigkeit zuständig fühlen, handelt es sich um eine Selbstüberforderung. Noch einmal: es verbindet sich mit dieser Beobachtung nicht der Vorschlag, die Hände in den Schoß zu legen, aber das Plädoyer dafür, mit Hilfe der Theologie die Frage nach der Zukunftsfähigkeit in einen etwas weiteren Horizont zu stellen als das derzeit geschieht.

Doch dazu später; zunächst weiter in der Beschreibung von meines Erachtens problematischen Voraussetzungen, die in der gängigen Rede von der Zukunftsfähigkeit mit transportiert werden. Die zweite Beobachtung besagt: Die eingespielte Rede von der Zukunftsfähigkeit ist ganz auf Überbietung der Gegenwart abgestellt. Die Gegenwart ist defizient, ist das zu Verbessernde, das zu Überwindende. Die Suche nach der Zukunftsfähigkeit ist verkappte Gegenwartskritik. Illustriert werden soll das mit einem kurzen Zitat, das diesmal nicht aus einem diakonischen Text stammt, sondern aus dem Impulspapier „Kirche der Freiheit". Zum achten Leuchtfeuer heißt es einleitend: „Im Jahre 2030 ist die Diakonie ein zentrales Handlungsfeld der sich auf ihre Stärken konzentrierenden evangelischen Kirche. Jede diakonische Aktivität hat ein deutlich wahrnehmbares evangelisches Profil und steht in einer guten Relation zu einem Handlungsfeld der evangelischen Kirche. Die Verbindung zwischen verfasster Kirche und Diakonie ist besser verwirklicht.“[16] Es handelt sich hier doch ersichtlich um nichts anderes als um eine – auch noch präzise adressierte – Forderung an die Gegenwart und mitnichten um eine Voraussage der Zukunft. Jenseits aller Prognoserhetorik ist doch deutlich: so und nicht anders sollte es *jetzt* sein. Hier wird ein gegenwärtig erwünschter Zustand beschrieben im Gewand der Prognose. Das Zukünftige gilt als Überbietung der als mangelhaft empfundenen Gegenwart. Das Künftige ist das gegenwärtig Anzustrebende. Voraussagen sind Gegenwartskritik im Zeitraffer. Die Zukunft war immer schon ein Kind der Gegenwart.

Eng verbunden damit ist eine dritte Beobachtung. Unklar bleibt, von wessen Zukunft eigentlich die Rede ist, wenn von der Zukunftsfähigkeit der Diakonie gesprochen wird. Ist die Zukunft der diakonischen Einrichtungen und Unternehmen gemeint? Oder die Zukunft des sozialen Hilfehandelns im Namen des evangelischen Christentums? Ist die Zukunft einer dem sozialen Ausgleich verpflichteten Gesellschaft gemeint, an der die Zukunft der Diakonie hängt? Oder hat man bei der Rede von der Zukunftsfähigkeit eher die Zukunft derjenigen Menschen im Auge, die sich in die Obhut der Diakonie begeben und begeben werden? Das ist ja nicht ganz selbstverständlich, sondern muss jeweils bedacht werden. Hinzu kommt, dass nicht ganz klar ist, welche Zukunft gemeint ist, wenn von der Zukunftsfähigkeit der Diakonie die Rede ist. Ist es deren organisatorische Zukunft, deren ökonomische, deren gesellschaftliche oder gar deren theologische? Auch das sind unterschiedliche Aspekte der Zukunftsfähigkeit, die sich zu unterscheiden lohnen.

Das führt auf die vierte Beobachtung. In den Erwägungen zur Zukunftsfähigkeit taucht fast ausschließlich auf, was *verändert* werden soll. Es taucht aber praktisch nie auf, was keinesfalls preisgegeben werden dürfte, was *erhalten* bleiben müsste. Die gedanklichen Anstrengungen richten sich extrem stark auf das, was sein könnte, sein sollte und sein müsste – kaum auf das, was ist und was bleiben müsste. Das wird drängend insbesondere im Anschluss an die oben aufgeworfene Frage danach, wessen Zukunft eigentlich gemeint ist. Je nach dem, zu wessen Zukunft die Diakonie befähigt werden soll, müsste doch ganz Unterschiedliches in den Blick kommen, das verändert werden sollte – und, in Verbindung damit, was tunlichst bewahrt bleiben sollte. Die Rede von der Zukunftsfähigkeit propagiert, recht allgemein, Veränderungen und sie appelliert an Änderungsbereitschaft. Außer Acht bleibt aber der Umstand, dass das Profil und der Erfolg der Diakonie immer schon zu einem guten Teil daran hingen, dass an manchem festgehalten wurde, gegen alle Tendenzen der Zeit, gegen alle ökonomische oder organisatorische Rationalität, gegen alle noch so gut gemeinten Forderungen. In welchem Maße aber gehört zur Zukunftsfähigkeit auch die Bereitschaft, an bestimmten Grundsätzen, Praktiken und Einstellungen gerade festzuhalten? Inwieweit hängt die Zukunftsfähigkeit der Diakonie auch an Beharrungsvermögen und Beständigkeit, bisweilen vielleicht sogar an einer milden Sturheit? Das scheint mir in dem aktivistischen Pathos, mit dem die Formel von der Zukunftsfähigkeit eingesetzt wird, doch weithin unterzugehen.

Eine fünfte und letzte Beobachtung sei angeschlossen. Diakonische Erwägungen auf die Zukunftsfähigkeit enthalten stets, wenn auch in der Regel unausgesprochen, distinkte Vorstellungen dessen, was als der jeweiligen Zeit angemessen soll gelten können. Sie enthalten die Unterstellung, es gebe Zeitgemäßheit, auch für diakonisches Handeln, und von Zeitgemäßheit allein hinge der Erfolg und das Bestehen der Diakonie ab. Doch gilt das für die Diakonie bei Lichte besehen gerade nicht in dieser Ausschließlichkeit. Die Diakonie hat sich ja immer schon in ein ambivalentes Verhältnis zur Zeitgemäßheit gesetzt. In manchem ist sie zeitgemäß, in manch anderem aber ist sie bewusst unzeitgemäß. Was ist denn schon zeitgemäß an dem Leitbild entnommenen Sätzen wie diesen: „Wir orientieren unser Handeln an der Bibel. […] Wir achten die Würde jedes Menschen. […] Wir leisten Hilfe und verschaffen Gehör. […] Wir sind aus einer lebendigen Tradition innovativ.“[17] Liegt die Stärke dieser Sätze darin, dass sie passgenau in unsere Zeit gehören? Oder liegt ihre Stärke eher darin, dass sie aus der Zeit gefallen sind, dass sie sich zeitlicher Bedingtheit und Beschränktheit gerade zu entziehen suchen? Liegt ihre Stärke nicht eher in ihrer Unzeitgemäßheit, in der Verweigerung, sich Moden anzupassen bei gleichzeitiger Bereitschaft zum konstruktiven Anachronismus?

Natürlich ist die gegenwärtige Diakonie in vielem zeitgemäß, in manchem auch ihrer Zeit voraus. Unter den Bedingungen des Sozialmarktes, der Notwendigkeit von Professionalität und effizienter Organisation ist es ja gar nicht anders möglich. Aber in manchem ist die Diakonie eben gerade nicht zeitgemäß, sondern bewusst anachronistisch. Sie agiert auf dem Sozialmarkt. Aber sie orientiert sich nicht ausschließlich an dem marktüblichen und zeitgemäßen Kriterium der Gewinnmaximierung. Sie akzeptiert die Notwendigkeit von Professionalität. Aber Effizienz ist dabei nicht das alleinige Maß der Dinge. Sie nimmt die Herausforderungen der Moderne an. Aber sie weigert sich, die unbedingte Normativität mancher Gründe, die für die Moderne kennzeichnend sind, anzuerkennen – zum Beispiel, die unbedingte Normativität eines Menschenbildes zu akzeptieren, das den Menschen auf seine ökonomischen Funktionen reduzierte, auf seine Nützlichkeit, oder das den einzelnen Menschen beurteilte nach dem Aufwand, den er verursacht.

Es dürfte klar sein: Unzeitgemäßheit bedeutet nicht, dass man die Augen vor den Realitäten der Gegenwart verschlösse und nach Art einer fortschrittsverweigernden Amish-Diakonie versuchte, die komfortablen oder immerhin bekannten Zustände der Vergangenheit zu prolongieren. Unzeitgemäßheit bedeutet aber, dass man die Anpassung an eine gegenwärtige oder künftige Zeit nicht automatisch für das Maß aller Dinge hält, so wenig für das Maß des eigenen Selbstverständnisses wie für das Maß des eigenen Handelns.

Fünf Voraussetzungen, fünf Hypothesen also sind es mindestens, die in der Frage nach der Zukunftsfähigkeit der Diakonie mehr oder weniger bewusst mitgeführt werden. Es ist erstens die Hypothese, dass eine per se bedrohliche Zukunft durch den Gestaltungswillen oder die Gestaltungsleistungen der in der Diakonie Tätigen bemeistert werden können. Es ist zweitens die Auffassung, dass sich in der *gegenwärtigen* Diakonie etwas ändern muss, wenn deren *zukünftige* Herausforderungen bewältigt werden sollen. Es ist drittens die Unterstellung, dass klar sei, wessen Zukunft gemeint sei. Es ist viertens die Auffassung, dass die in der Diakonie Verantwortlichen umsteuern müssen, dass sie änderungsbereit sein müssen, kaum aber: dass auch bewahrt werden muss. Und fünftens wird unterstellt, dass Zeitgemäßheit ein brauchbarer Parameter für die Beurteilung der diakonischen Arbeit sein könnte.

Schaut man sich diese impliziten Hypothesen, die in der Frage nach der Zukunftsfähigkeit der Diakonie mitgeführt werden, im Überblick an, so zeigt sich, dass diese Frage eigentlich eine sehr viel weitergehende ist. Es ist in Wahrheit die Frage nach der Identität der Diakonie über den Wandel der Zeiten hinaus. Es ist die Frage, worin das Spezifikum der Diakonie besteht, im Vergleich zu anderen Sozialunternehmen, im Kontinuum von Vergangenheit, Gegenwart und Zukunft und im Horizont sich wandelnder gesellschaftlicher, kultureller, ökonomischer, sozialer, demographischer, rechtlicher, religiöser Zustände. Das ist die umfassende Frage, die in der Frage nach der Zukunftsfähigkeit mitschwingt. Sie ist in Wahrheit die Frage danach, was die Diakonie vergangenheitsfähig gemacht hat, was sie gegenwartsfähig macht und woran darum auch in der Zukunft festgehalten werden sollte. Die Frage nach der Zukunftsfähigkeit lässt sich also nicht einfach im Modus der Aufforderung zu diesem oder jenem Handeln beantworten, für das die anfangs exemplarisch zitierten Texte so energisch geworben hatten. Es ist die Frage nach der den Wandel der Zeiten übergreifenden Identität der Diakonie. Auf sie sollen die Überlegungen sich nun richten.

3.

Das Stichwort von der Unzeitgemäßheit, sofern es die Resistenz gegenüber der Anfälligkeit für allzu schnelle, aktivistische Anpassungen meint, ist vielleicht ein guter Schlüssel, wenn nun im dritten Abschnitt fünf solcher Aspekte einer stabilen Identität der Diakonie im Wandel der Zeiten beschrieben werden sollen. Sie sind es zugleich, die meines Erachtens die Diakonie zukunftsfähig machen. Es sind Aspekte der Identität einer zukunftsfähigen Diakonie, die es sich bei allem Bewusstsein der erwartungsvollen Bilder von der Diakonie doch versagt, wider besseres Wissen sozialromantische Klischeeerwartungen zu bedienen. Es sind Aspekte der Identität einer selbstbewussten, zukunftsfähigen Diakonie, die nicht um der vermeintlich besseren Außenwirkung willen die platte Alternative zwischen Selbstpreisgabe oder Marktverweigerung bedient, sondern die der selbstbewussten Überzeugung ist, dass es differenzierte Gründe einer Identität gibt, die sich auch nach außen kommunizieren lassen können, die auch von außen wahrgenommen werden können.

a) Der erste Aspekt braucht hier nur ganz kurz genannt zu werden und versteht sich nach dem Vorangegangenen fast von selbst. Er betrifft den etwas gelasseneren Umgang mit der Frage nach Zukunftsfähigkeit. Natürlich muss im Blick auf die Zukunft geplant werden, aber ohne deswegen in Planungseuphorie zu verfallen. Natürlich muss der Blick in die Zukunft riskiert werden, aber ohne deswegen die gesunde Skepsis gegenüber der Reichweite von Prognosen und die Sensibilität für die impliziten Voraussetzungen von Prognosen aufzugeben. Natürlich muss gehandelt werden, aber ohne deswegen die Unterscheidung zwischen dem Menschenmöglichen und dem Menschenunmöglichen zu vergessen. Zukunftsplanungen dienen dazu, eine gewisse Flexibilität sicherzustellen, einer drohenden Zementierung des status quo vorzubeugen, Fehlertoleranzen einzubauen, Krisen vorzubeugen oder die Anpassung an Krisen zu leisten. Mehr nicht. Zukunftsplanungen sind eine pragmatische Notwendigkeit, bieten aber keine Heilsgarantie. Zukunftsfähig ist die Diakonie, wenn sie Zukunftsplanungen nicht überfrachtet. Eine solche pragmatische Begrenzung lag immer schon konträr zu Planungseuphorien, sie liegt auch heute konträr zu den hoch aufgeladenen Erwartungen an Zukunftsfähigkeit, sie ist in gewisser Weise unzeitgemäß, dürfte nach dem bisher Gesagten aber sinnvoll sein.

b) Der zweite Aspekt betrifft die Bedürfnisse derer, die keine Zukunft haben. Zukunftsfähig ist die Diakonie dadurch, dass sie sich flexibel an den Bedürfnissen derjenigen orientiert, die gerade nicht zukunftsfähig sind. Das tat sie in der Vergangenheit, das tut sie in der Gegenwart, das wird sie auch in Zukunft tun. Heute sind die Zukunftsunfähigen nicht nur die Alten und die Kranken, sondern mehr noch: die Suchtabhängigen, die Depressiven, die Wohnungslosen, die Heimatlosen, die Gewaltbereiten, die Kleinkriminellen, die Schulverweigerer, die Überforderten – die Reihe ließe sich ja fortsetzen. Wer das morgen sein wird, vermögen wir seriös nicht sicher vorherzusagen. Aber es ist doch klar, dass es diese Zukunftsunfähigen geben wird. Und zukunftsfähig ist die Diakonie dadurch, dass sie sich all denen zuwendet, die noch nicht zukunftsfähig sind oder nicht mehr zukunftsfähig sind, die temporär oder grundsätzlich nicht zukunftsfähig sind. Das ist ein entscheidendes Merkmal für die Zukunftsfähigkeit der Diakonie, für ihre zukunftsfähige Identität.

c) Etwas komplizierter ist der dritte Aspekt, den ich nennen möchte. Die Diakonie hat zu weiten Teilen das unzeitgemäße Ziel, sich selbst überflüssig zu machen. Ihr Ziel besteht in einem nicht unerheblichen Maße in der Aufhebung der Gründe, die zu ihr geführt haben. Das ist nicht zuletzt erkennbar daran, dass die moderne Diakonie neben der spontanen oder Basis-Diakonie noch zwei weitere Säulen kennt, die Einrichtungsdiakonie und schließlich die anwaltschaftliche bzw. sozialpolitische Diakonie. Gerade diese sozialpolitische Diakonie setzt sich politisch für die Milderung mancher Bedingungen und für die Aufhebung mancher Gründe ein, die zur Existenz der Einrichtungsdiakonie geführt haben und einen Teil des Marktes für die Einrichtungsdiakonie darstellen. Diese Doppelstruktur unterscheidet die Diakonie in signifikanter und einzigartiger Weise von allen anderen Sozialunternehmen (mit Ausnahme der Caritas). Außer der Diakonie gibt es kein Sozialunternehmen, das unter ein und demselben Label politisch an der Aufhebung der Gründe arbeitete, die seinen ökonomischen Erfolg bedingen. Das ist unzeitgemäß – und ein erheblicher Faktor für die Glaubwürdigkeit der Diakonie. Die Doppelstruktur in all ihrer Unzeitgemäßheit ist daher ein maßgeblicher Grund für das Vertrauen, das die Diakonie auch zukünftig verdient. Sie sollte als Doppelstruktur erhalten bleiben. Vor allem ist von Bedeutung für die konkrete Zukunftsfähigkeit, dass die institutionelle Verflochtenheit von sozialpolitischer Stellungnahme und konkreter Hilfe künftig stärker herausgestellt wird. Getrennt voneinander gibt es das eine und das andere, die sozialpolitische Aktivität und die tätige Hilfe, vielfach im System sozialpolitischer Aktivitäten und auf dem Sozialmarkt. Unter einem Dach, unter einem Label vereint aber ist es nur bei der Diakonie.

d) Ein vierter Aspekt muss nun etwas ausführlicher betrachtet werden. Unzeitgemäß ist die Selbstverständlichkeit, mit der die Notwendigkeit der Theologie in der Diakonie und für die Diakonie vorausgesetzt wird. Es gibt (wieder: mit Ausnahme der Caritas) kein Unternehmen auf dem Sozialmarkt, das eine solche Notwendigkeit der Theologie kennt. Dass ökonomische Rationalität und soziales Wissen, Gesellschaftskenntnis und Fachkompetenz vorhanden sein müssen, das ist in Sozialunternehmen und auch in der Diakonie unstrittig. Aber für die Diakonie kommt hinzu, dass sie für ihr Selbstverständnis auch die theologische Reflexion für unverzichtbar hält.

Das ist plausibel insbesondere dann, wenn man sich das moderne Verständnis bzw. Selbstverständnis der Theologie vor Augen hält. Theologie wird, in einer sehr weiten und allgemeinen, dafür aber auch breit zustimmungsfähigen Weise als eine auf die religiösen Berufe bezogene Selbstreflexion des christlichen Glaubens bezeichnet. Das ist eine sehr formale Bestimmung. Sie hat ihre Pointe darin, dass die Theologie in erster Linie als eine bestimmte Weise des Denkens aufgefasst wird und nicht so sehr über ihre spezifischen Inhalte definiert ist. Sie ist eben gerade nicht die Wissenschaft von Gott oder auch nur die Wissenschaft des christlich-kirchlichen Lebens, sondern sie ist die Selbstreflexion des christlichen Glaubens. Natürlich, ohne Inhalte geht es nicht, aber diese Inhalte sind doch stets eingebunden in die Zweckbestimmung der Theologie, Selbstreflexion des Glaubens zu sein. Theologie in diesem Sinne, als Selbstreflexion des Glaubens, ist die Reflexion auf die Bedingungen des eigenen Daseins, die verfügbaren und die unverfügbaren. Sie ist die kritische, auch selbstkritische Reflexion auf Grund und Grenzen des eigenen Daseins. Sie ist in erster Linie die Kunst der Unterscheidung, der Unterscheidung zwischen dem Sichtbaren und dem Unsichtbaren, dem Machbaren und dem nicht Machbaren, zwischen *opus Dei* und *opus hominum*. Sie ist die Kunst, Fragen zu stellen und skeptisch zu sein gegenüber den allzu schlichten Antworten. Sie ist die Skepsis gegenüber allzu schnellen Eindeutigkeiten und den allzu griffigen Parolen. Sie ist das Bewusstsein für Probleme und hält es aus, dass deren Lösungen nicht immer sofort greifbar sind. Sie ist die Bereitschaft, Probleme wahrzunehmen und möglichst präzis und scharf zu beschreiben, auch wenn man sich dabei von der Lösung immer weiter entfernt. Sie ist misstrauisch gegenüber dem vermeintlich Selbstverständlichen, dem scheinbar Allgemeinen, dem mutmaßlich Unstrittigen und ist jederzeit bereit, kritisch und selbstkritisch das Gewohnte und Übliche, das Normale und das Unvermeidliche in Frage zu stellen. Theologie in diesem Sinne ist, wie gesagt, viel mehr eine Weise des Denkens als eine Ansammlung von Inhalten und Wissensbeständen.

Gerade darin ist sie für die Diakonie von erheblicher Bedeutung – genau genommen: *nur* als eine solche Weise des Denkens ist die Theologie unverzichtbar für die Diakonie. Die Bedeutung der Theologie für die Diakonie besteht ja kaum darin, dass sie eine Begründung für das soziale Hilfehandeln im Namen des Christentums bereithielte oder dass sie die angemessenen Formen diakonischer Hilfe bestimmen könnte. Die Funktion der Theologie für die Diakonie besteht auch nur zu einem sehr kleinen Teil darin, dass sie biblische oder dogmatische, kirchenhistorische oder dogmengeschichtliche Argumente für die Legitimität der Diakonie oder für die alltägliche Praxis der Diakonie oder für das Selbstverständnis der Diakonie enthielte. Weitaus größer ist doch die Bedeutung, die darin liegt, dass die Theologie eine bestimmte Weise des Denkens derer prägt, die im Namen der Diakonie tätig sind. Es sind Menschen, deren gedankliche Bemühungen sich nicht allein auf ökonomische oder organisatorische, fachspezifische oder strukturelle Optimierungen richten, sondern die mit dem theologischen Denken eine bestimmte Form des Problembewusstseins, eine bestimmte Form des kritischen und selbstkritischen Problembewusstseins in der oben beschriebenen Weise in den Alltag ihres Denkens und Handelns eintragen. Sie sind zögerlich, Sachzwänge immer gleich als solche zu akzeptieren – aber pragmatisch, wenn diese sich ihnen als überzeugend eingesehen haben. Sie sind skeptisch, wenn die Meinungen allzu eindeutig sind, die Ziele allzu klar sein sollten, die Parolen allzu eingängig und griffig. Um es an dem Beispiel des Nachdenkens über Zukunftsfähigkeit zu konkretisieren: das theologische Denken äußert sich darin, dass man der verbreiteten Parole der Zukunftsfähigkeit nicht unkritisch auf den Leim geht, dass man der vermeintlichen Selbstevidenz einer solchen Formel, eines solchen Zauberbegriffes misstraut, dass man bereit ist, genauer hinzuschauen und Fragen an das vermeintlich Selbstverständliche zu stellen. Das ist Theologie, und zwar Theologie als eine Weise des Denkens, die für die Diakonie in der Tat unverzichtbar ist, die ihr eine Alleinstellung sichert und die ihr auch Glaubwürdigkeit sichert. Denn Theologie als Weise des Denkens in diakonischen Einrichtungen und Unternehmen hält das Bewusstsein präsent, dass ökonomische oder organisatorische oder fachspezifische Rationalität nicht schon das Ziel darstellen, sondern Mittel zu einem Zweck bilden, der nicht in dieser Rationalität selbst liegt, sondern in dem sozialen Hilfehandeln um seiner selbst willen. Darum wird man in der Tat an der Notwendigkeit der Theologie in der Diakonie auch in Zukunft festhalten wollen bzw. die Zukunftsfähigkeit der Diakonie in erheblicher Weise mit der bleibenden und sichtbaren Präsenz theologischen Denkens in der Diakonie verbinden müssen. Anders gesagt: das Insistieren auf der theologischen Bildung der Diakonie und der in ihr Tätigen dürfte ein wesentlicher Faktor der Zukunftsfähigkeit der Diakonie sein. Das Überzeugende an der immer wieder gehörten Forderung nach theologischer Bildung derjenigen, die in der Diakonie tätig sind, erschöpft sich nicht darin, dass ein jeder das Gleichnis vom barmherzigen Samariter als Gründungsdokument und Legitimationsurkunde der christlichen Sozialhilfe auswendig kennt, sondern liegt darin, dass mit der theologischen Bildung eine bestimmte Weise des Denkens in den Alltag und in die Selbstreflexion der Diakonie Einzug hält, und zwar auf allen Ebenen und bei allen Beteiligten in der jeweils individuell möglichen Weise.

e) Ein fünfter und letzter Aspekt sei genannt. Immer wieder ist die Klage der organisatorischen Unübersichtlichkeit der Diakonie zu hören, und immer wieder hört man, es sei für die Zukunftsfähigkeit der Diakonie entscheidend, dass sie sich deutlicher als Lebens- und Wesensäußerung der Kirche begreife und darstelle, dass sie also ihr spannungsvolles Verhältnis zur Kirche kläre, ja: an einer harmonischen Zusammenführung arbeite.[18] Dem gegenüber möchte ich hier für einen konstruktiven

Umgang mit der historisch überlieferten Spannung zwischen Kirche und Diakonie werben. Sollte man nicht – statt Kräfte in der wechselseitigen Verschnupftheit zu verschleißen und jenseits aller zeitgemäßen Harmonierhetorik, die vielfach ja nur die Verklausulierung von Forderung und Gegenforderung, von wechselseitigen Unterwerfungsansprüchen ist – einmal überlegen, ob es sein kann und sein darf, dass die Spannung auf Dauer ist? Die Geschichte der modernen Diakonie von deren Anfängen bis in unsere unmittelbare Gegenwart hinein ist durchzogen von dieser unleugbaren, aber zugleich sehr belastbaren Spannung und es ist nach bald 180 Jahren damit zu rechnen, dass das auch in Zukunft so bleibt und so bleiben darf, weil es zur Identität der Diakonie gehört.

Schon die Entstehung der modernen Diakonie im 19. Jahrhundert verdankt sich einem Moment der kritischen Distanzierung von Kirche und Diakonie. Die Gründerväter der modernen Diakonie in den dreißiger, vierziger und fünfziger Jahren des 19. Jahrhunderts machten sich bekanntlich für die effiziente Organisation des evangelischen sozialen Hilfehandelns die moderne Organisationsform des Vereinswesens zunutze und entkoppelten damit die Sozialhilfe im Namen des evangelischen Christentums von dem verfassten evangelischen Kirchenwesen. Sie empfanden, das ist nun einmal nicht wegzudiskutieren, das verfasste Kirchenwesen als zu schwerfällig, als wenig wahrnehmungssensibel und nicht hinreichend handlungsfähig. Die Diakonie erwarb mit dieser Entkoppelung zwar eine einzigartige Agilität, handelte sich aber das bleibende Misstrauen der Kirchen ein und neue, subtile Formen des kirchlichen Einflusses. Die Kirchen umgekehrt verzeichneten gleichermaßen eine Entlastung von den Mühen der Sozialarbeit wie einen empfindlichen gesellschaftlichen Terrainverlust. Unbeschadet dessen ist das Verhältnis zwischen Diakonie und Kirche bis heute durch wechselseitige Abhängigkeit gekennzeichnet. Die Kirche kann auf die Diakonie als gesellschaftliche Repräsentanz des evangelischen Christentums, des tatkräftigen Christentums zumal, so wenig verzichten wie die Diakonie aus ökonomischen, rechtlichen und finanziellen Gründen auf die Zurechnung zur evangelischen Kirche. Die damit begründeten Spannungen stehen auf Dauer, und es sind bekannte Spannungen. Die Diakonie hat immer schon den Kopf geschüttelt über die Schwerfälligkeit der Kirchen, über das Weltabgewandte, Marktunsensible, Behördliche der Kirchen. Die Kirchen umgekehrt hatten immer schon ein Misstrauen gegen die Agilität der Diakonie, gegen den hohen Stellenwert ökonomischer Kriterien, gegen die Anpassungsbereitschaft, gegen den Primat des Strategischen vor dem Prinzipiellen. Aber, um es noch einmal zu sagen: die Diakonie ist ebenso angewiesen auf die Zugehörigkeit zur Kirche wie umgekehrt die Kirchen angewiesen sind darauf, dass die Diakonie der Kirche zugerechnet wird. Um es plakativ zu sagen: Kirche und Diakonie sind für einander je und je so schwer zu ertragen als zu entbehren. Das war immer so, das war immer unzeitgemäß und zugleich nachvollziehbar, das war immer stabil und es ist gar nicht einzusehen, warum das in der Zukunft anders sein sollte oder anders werden müsste. Eher wäre es doch an der Zeit, die Spannung als eine konstitutive, übrigens auch als eine belastbare zu erkennen und fortan konstruktiv mit ihr umzugehen.

Zum Schluss aber noch einmal zurück zur Ausgangsfrage. Welche Zukunft wollen wir? Das ist die Frage, die uns die Rede von der Zukunftsfähigkeit stellt. Die Zukunft der Diakonie ist kein Schicksal, das man nach Art eines alles vernichtenden Endzeitanbruches irgendwann und irgendwo befürchten müsste. Sie ist aber auch nicht das von uns einzurichtende Reich Gottes auf Erden. Sie ist ebenso wenig etwas, das man fatalistisch erleiden müsste noch etwas, das man gestalterisch in den Griff bekäme. Sie ist auch nichts, das wir uns nach Belieben ausmalen könnten. Gleichwohl ist die Frage, welche Zukunft wir wollen, sinnvoll. Denn sie zeigt, dass die Einschätzung von der Bewältigbarkeit der Zukunft, oder anders gesagt: dass die Zukunftsfähigkeit der Diakonie im Wesentlichen davon abhängt, welches theologische Bild ihrer Bedeutung für den Öffentlichen Protestantismus die Diakonie selbst hat. Die Zukunftsfähigkeit wird mithin nicht in erster Linie bestimmt von gesellschaftlichen, sozialen, religiösen oder ökonomischen Prognosen. Sie ist auch nicht abhängig vom Handeln. Die Zukunftsfähigkeit der Diakonie besteht im theologisch begriffenen Selbstbewusstsein der Diakonie, das sich speist aus der Einsicht in ihre Bedeutung für die gesellschaftliche Präsenz des Protestantismus in der Vergangenheit, in der Gegenwart und selbstverständlich auch in der Zukunft.

Anmerkungen

Anmerkungen zu: *Einleitung. Zur Theologiefähigkeit der Diakonie* (S. 1–11)

1 Dieses kontinuierliche Bild spiegelt sich auch in der jüngsten, fünften Kirchenmitgliedschaftsumfrage: Vernetzte Vielfalt. Kirche angesichts von Individualisierung und Säkularisierung. Die fünfte EKD-Erhebung über Kirchenmitgliedschaft, hg. von Heinrich Bedford-Strohm und Volker Jung, Gütersloh 2015, S. 474.

2 Vgl. z.B. Richard Rothe: Theologische Ethik, Bd. 3, Wittenberg 1848, § 1178. – Trutz Rendtorff: Ethik. Grundelemente, Methodologie und Konkretionen einer ethischen Theologie, hg. von Reiner Anselm und Stephan Schleissing, 3., durchgesehene Auflage, Tübingen 2011, S. 471–479. – Dietrich Rössler: Grundriß der Praktischen Theologie (1986), 2., erweiterte Auflage, Berlin und New York 1994, S. 158–175. – Reiner Anselm: Diakonie als Wissenschaft. Überlegungen zum besonderen Charakter einer jungen theologischen Disziplin, in: ZEE 45 (2001), S. 8–16. – Tobias Braune-Krickau: Religion und Anerkennung. Ein Versuch über Diakonie als Ort religiöser Erfahrung (PThGG 17), Tübingen 2015.

Anmerkungen zu: *Erinnerungsfähigkeit. Diakonie als Innere Mission* (S. 15–36)

1 Paul Wurster: Innere Mission und humane Liebestätigkeit, in: Verhandlungen des 32. Kongresses für Innere Mission in Braunschweig vom 21. bis zum 24. September 1903, hg. vom Sekretariat, Braunschweig 1903, S. 220–240, hier S. 230.

2 Vgl. dazu Georges Naïdenoff: Pauline Jaricot. J'étais si vivante de ma propre vie, Paris 1986, S. 25–35.

3 Vgl. Martin Gerhardt: Ein Jahrhundert Innere Mission. Die Geschichte des Central-Ausschusses für die Innere Mission der Deutschen Evangelischen Kirche, Bd. 1, Gütersloh 1948, S. 42 f. – Vgl. auch die Nachweise bei Ernst Christian Achelis: Lehrbuch der Praktischen Theologie, Bd. 2, Freiburg i.B. 1891 (u.ö.), S. 317.

4 Friedrich Lücke: Die zwiefache, innere und äußere, Mission der Evangelischen Kirche, ihre gleiche Nothwendigkeit und nothwendige Verbindung. Eine Rede in der Mission-Versammlung zu Göttingen den 13. November 1842 gehalten, Hamburg 1843, S. 10 f. (H.i.O.): „Nach einer neuern Welschen Affectation unter uns nennt man freilich jetzt fast jede Art des Berufs in der Gemeinschaft Mission. Aber wenigstens die religiöse Sprache sollte solcher Welschen Sprach- und Begriffsverwirrung fremd und feind bleiben. [...] Wenn in der Kirche überhaupt , oder in irgend einer besondern Kirchengemeinschaft eine solche Ungleichheit des Christlichen Lebens entstanden ist, daß ein Theil in den lebendigen Organismus der Kirche noch nicht völlig aufgenommen, zerstreut an und außer den Grenzen der zusammenhängenden Kirche steht, oder, wenn auch *inmitten* der Kirche auf einer so niedrigen Lebensstufe, von den mittleren und Höhepuncten der Kirche innerlich so fern, so krank und schwach geworden ist, daß er in Gefahr kommt, abzusterben oder abzufallen, das ordentliche Predigtamt aber zur Heilung und Erweckung nicht ausreicht, – nur in diesem Falle sprechen wir mit Recht von einer *innern* Mission der Kirche."

5 Johann Hinrich Wichern: Die innere Mission der deutschen evangelischen Kirche. Eine Denkschrift an die deutsche Nation, im Auftrage des Centralausschusses für die innere Mission verfaßt (1849), in: Ders.: Sämtliche Werke, hg. von Peter Meinhold,

Bd. I. Die Kirche und ihr soziales Handeln (Grundsätzliches und Allgemeines), Berlin und Hamburg 1962, S. 175–366, hier S. 180 (im Original teils hervorgehoben).

6 http://www.innere-mission-ffm.de/ueber-uns/wasunsleitet/ (letzter Zugriff am 11. April 2016).

7 In der DDR behielt die von 1969 bis zur Vereinigung 1991 eigenständige Dachorganisation beide Bezeichnungen im Namen: „Diakonisches Werk – Innere Mission und Hilfswerk – des Bundes der evangelischen Kirchen".

8 Vgl. zum Folgenden Jürgen Albert: Art. „Innere Mission", in: TRE, Bd. 16 (1987), S. 166–175; insbesondere aber Jochen-Christoph Kaiser: Sozialer Protestantismus als kirchliche ‚Zweitstruktur'. Entstehungskontext und Entwicklungslinien der Inneren Mission, in: Herausforderungen kirchlicher Wohlfahrtsverbände. Perspektiven im Spannungsfeld von Wertbindung, Ökonomie und Politik (SAGG 25), hg. von Karl Gabriel, Berlin 2001, S. 27–47, hier S. 27 f. – Ders.: Sozialer Protestantismus im 19. Jahrhundert, in: Praktische Theologie und Kultur (PThK 9), hg. von Wilhelm Gräb und Birgit Weyel, Gütersloh 2002, S. 151–161.

9 Vgl. etwa Erich Beyreuther: Geschichte der Diakonie und Inneren Mission in der Neuzeit (1962), Berlin [3]1983. – William O. Shanahan: Der deutsche Protestantismus vor der sozialen Frage 1815–1871, München 1962.

10 Vgl. etwa Günter Brakelmann: Kirche und Sozialismus im 19. Jahrhundert. Die Analyse des Sozialismus und Kommunismus bei Johann Hinrich Wichern und bei Rudolf Todt, Witten 1966. – Johannes Kandel: Protestantischer Sozialkonservativismus am Ende des 19. Jahrhunderts. Pfarrer Rudolf Todts Auseinandersetzung mit dem Sozialismus im Widerstreit der kirchlichen und politischen Lager (Politik- und Gesellschaftsgeschichte 32), Bonn 1993.

11 Vgl. etwa Hermann Steinkamp: Solidarität und Parteilichkeit. Für eine neue Praxis in Kirche und Gemeinde, Mainz 1994. – Dierk Starnitzke: Diakonie als soziales System. Eine theologische Grundlegung diakonischer Praxis in Auseinandersetzung mit Niklas Luhmann, Stuttgart u.a. 1996. – Stephan Sturm: Sozialstaat und christlich-sozialer Gedanke. Johann Hinrich Wicherns Sozialtheologie und ihre neuere Rezeption in systemtheoretischer Perspektive (KoGe 23), Stuttgart u.a. 2007.

12 Vgl. dazu jetzt nur: Religion und Säkularisierung. Ein interdisziplinäres Handbuch, hg. von Thomas M. Schmidt und Annette Pitschmann, Stuttgart und Weimar 2014.

13 Wichern: Denkschrift (s.o. Anm. 5), S. 194 f.: „Was Spener verkündete und Francke tat, lag im Geiste unserer Kirche. Aus demselben Geiste sind auch die gegenwärtigen Arbeiten der dem Volksleben sich rettend darbietenden Liebe hervorgegangen. Aber der unmittelbar geschichtliche Zusammenhang zwischen beiden, so daß das, was heute geschieht, seinen Anfang in dem hätte, was von jenen Trägern der Nach-Reformation ausging, kann wohl mit Grund bestritten werden und wird schwerlich geschichtlich nachzuweisen sein."

14 Albert: Art. „Innere Mission" (s.o. Anm. 8), S. 168.

15 Erklärung, Rede und Vortrag Wicherns auf dem Wittenberger Kirchentag (1848), in: Johann Hinrich Wichern: Sämtliche Werke, Bd. I (s.o. Anm. 5), S. 155–171, hier S. 165 (H.i.O.).

16 Vgl. etwa Richard Rothe: Theologische Ethik (1845–1848), 5 Bde., Wittenberg ^{2}(1867/)1869–1871. Fotomechanischer Nachdruck Waltrop 1991, §§ 158–164; 966–968 mit Karl Bernhard Hundeshagen: Über die Natur und die geschichtliche Entwicklung der Humanitätsidee in ihrem Verhältnis zu Kirche und Staat (1852), in: Karl Bernhard Hundeshagen's Ausgewählte kleinere Schriften und Abhandlungen. Nach seinen handschriftlichen Veröffentlichungen und Ergänzungen neu hg. von Theodor Christlieb, Erste Abtheilung: Zur christlichen Cultur- und innern deutschen Zeitgeschichte, Gotha 1874, S. 159–216.

17 Vgl. dazu Wurster: Innere Mission und humane Liebestätigkeit (s.o. Anm. 1).

18 Gerhard Uhlhorn: Die christliche Liebestätigkeit, Stuttgart ^{2}1895, S. 756.

19 Vgl. Wichern: Denkschrift (s.o. Anm. 5), S. 180.

20 Vgl. a.a.O., S. 213.

21 A.a.O., S. 210.

22 Vgl. a.a.O., S. 226.

23 Vgl. a.a.O., S. 215.

24 Vgl. dazu Otto Baumgarten: Art. „Vereinswesen: II. Evangelisches 1. Geschichtliche Entwicklung und 2. Einzelne Zweige desselben", in: RGG[1], Bd. 5 (1913), Sp. 1629–1635. – Martin Schian: Art. „Vereinswesen: II. Evangelisches 3. Grundsätzliches, Bedeutung, Notwendigkeit und Schwierigkeiten

des Vereinswesens“, in: a.a.O., Sp. 1635–1637. – Jochen-Christoph Kaiser: Art. „Vereine/Vereinswesen: II. Kirchliche Vereine 1. Deutschland a) Evangelisch“, in: RGG4, Bd. 8 (2005), Sp. 958–961.

25 Kaiser: Art. „Vereine/Vereinswesen“ (s.o. Anm. 24), Sp. 958.

26 Zur Diskussion um diesen Begriff vgl. Kaiser: Sozialer Protestantismus als kirchliche ‚Zweitstruktur‘ (s.o. Anm. 8), S. 30 f.

27 Gangolf Hübinger: Kulturprotestantismus und Politik. Zum Verhältnis von Liberalismus und Protestantismus im wilhelminischen Deutschland, Tübingen 1994.

28 Wichern: Denkschrift (s.o. Anm. 5), S. 201.

29 A.a.O., S. 247.

30 Kaiser: Sozialer Protestantismus als kirchliche ‚Zweitstruktur‘ (s.o. Anm. 8), S. 46.

31 Insbesondere Jochen-Christoph Kaiser hat mehrfach und materialreich auf diesen Aspekt hingewiesen – vgl. Ders.: Volksmission als gesellschaftliche Sinnstiftung. Der kulturelle Formierungsanspruch der Inneren Mission, in: Soziale Arbeit in historischer Perspektive. Zum geschichtlichen Ort der Diakonie in Deutschland. Festschrift für Helmut Talazko zum 65. Geburtstag, hg. von dems., Stuttgart u.a. 1998, S. 25–38. – Ders.: Art. „Innere Mission“, in: RGG4, Bd. 4 (2001), Sp. 151–154. – Ders.: Sozialgeschichte und Glaubensvermittlung, in: Theologie und Diakonie (VWGTh 25), hg. von Michael Schibilsky und Renate Zitt, Gütersloh 2004, S. 87–100.

32 Kaiser: Volksmission als gesellschaftliche Sinnstiftung (s.o. Anm. 31) im Untertitel.

33 Erklärung, Rede und Vortrag Wicherns auf dem Wittenberger Kirchentag (1848) (s.o. Anm. 15), S. 156. Vgl. auch Wichern: Denkschrift (s.o. Anm. 5), S. 189: „Noch soll an dieser Stelle ausdrücklich, um jedem Irrtum von vornherein zu steuern, die Meinung abgewiesen werden, als ob die innere Mission als solche nichts anderes sei als ein Werk der Wohltätigkeit, im christlichen Sinne betrieben, also eine christlich erneuerte Pflege, Versorgung oder Beschäftigung der Armen. Auf diesem gründlichen Verkennen der Sache beruht z.B. die Ansicht, daß die ganze Aufgabe der innern Mission zusammenfalle mit dem, was man als kirchliche Armenpflege bezeichnet hat. [...] Es ist freilich vollkommen richtig, daß die innere Mission es vielfach mit den ärmern Klassen zu tun hat, aber dies ist teils doch nur deswegen

der Fall, weil unter den Bedürftigen so viele sind, die des Evangelii entbehren, teils deswegen, weil die innere Mission sich noch nicht hinreichend klar geworden ist über das, was sie soll und will, nämlich überallhin christliches Leben, Güter und Schätze des Friedens und der Wiedergeburt bringen, wo dieselben fehlen. Es läßt sich die reichste Tätigkeit der innern Mission denken – und sie existiert wirklich – ohne daß je auch nur eine leibliche Wohltat dabei zu spenden nötig gewesen wäre; es läßt sich eine Gemeinde denken, in welcher die Reichen, Gebildeten das Gebiet sind, das sich die innere Mission allein erwählen kann, weil sie arm sind an Gott, während die Armen, weil reich an ihm, die Träger der inneren Mission sein könnten."

34 Die folgenden Beispiele stammen durchweg aus Kaiser: Volksmission als gesellschaftliche Sinnstiftung (s.o. Anm. 31).

35 Vgl. a.a.O., S. 26–28.

36 Kaiser: Sozialer Protestantismus als kirchliche ,Zweitstruktur' (s.o. Anm. 8), S. 35.

37 Niklas Luhmann: Funktion der Religion (1977) (stw 407), Frankfurt a.M. ^{4}1996, S. 120.

Anmerkungen zu: *Konfliktfähigkeit. Refinanzierungen von Kirche und Diakonie* (S. 51–67)

1 Leitlinien kirchlichen Lebens der Vereinigten Evangelisch-Lutherischen Kirche in Deutschland. Handreichung für eine kirchliche Lebensordnung, Gütersloh 2003, S. 111.

2 Flyer „Danke. Warum Ihre Kirche Geld braucht. Und was sie damit tut. Informationen zur Kirchensteuer 2015“ von der Evangelisch-Lutherischen Kirche in Bayern, 2015. http://www.kirche-und-geld.de/downloads/ELKB-KSt-Flyer-2015.pdf (letzter Zugriff am 11. April 2016).

3 https://www.ekd.de/kirchenfinanzen/kirche_und_staat/kirchenfinanzierung_faq.html, Frage Nr. 17 (letzter Zugriff am 11. April 2016).

4 Vgl. Josef Isensee: Die Finanzquellen der Kirchen im deutschen Staatskirchenrecht. Rechtsgrundlagen und Legitimationsgedanken, in: JuS 20 (1980), S. 94–100, hier S. 100. – Ute Surbier-Hahn: Das Kirchensteuerrecht. Eine systematische Darstellung, Stuttgart 1999, S. 96.

5 Vgl. zum Folgenden Hermann Weber: Kirchenfinanzierung im religionsneutralen Staat. Staatskirchenrechtliche und rechtspolitische Probleme der Kirchensteuer, in: NVwZ 21 (2002), S. 1443–1455; 1449–1454.

6 Vgl. a.a.O., S. 1449.

7 Zitiert nach a.a.O., S. 1450, Anm. 82 und S. 1449, Anm. 78.

8 Zum Folgenden vgl. a.a.O., S. 1453.

9 Zum Folgenden vgl. Jörg Winter: Diakonie im Spannungsfeld von kirchlichem und staatlichem Recht, in: Diakonisches Kompendium, hg. von Günter Ruddat und Gerhard K. Schäfer, Göttingen 2005, S. 287–299, hier S. 296 f.

10 Vgl. z.B. die Dokumentation einer Tagung der Evangelischen Akademie Bad Boll mit dem Titel „Kirchenrecht als Hemmschuh. Unternehmerische Freiheit unter dem Mantel der Kirche“ im Jahr 2002 unter dem Titel „Selbstbestimmungsrecht von Kirche und Diakonie – Freiheit oder Fessel?“, in: epd-Dokumentation Nr. 16/2002 vom 15. April 2002.

11 Vgl. Jörg Winter: Sinn und Grundlage des Selbstbestimmungsrechts der Religionsgemeinschaften, in: epd-Dokumentation Nr. 16/2002 (s.o. Anm. 9), S. 7–11.

Anmerkungen zu: *Pluralitätsfähigkeit. Diakonie im Kontext religiöser und kultureller Vielfalt* (S. 69–92)

1 Es ist darum konsequent, dass die Überlegungen zur interkulturellen Öffnung der Diakonie, die in den Diakonischen Werken angefertigt worden sind, regelmäßig mit theologischen Begründungen dieser interkulturellen Öffnung einsetzen. Es ist aber zugleich so, dass die dort gebotenen theologischen Begründungen insgesamt doch recht mager bleiben.

Denn entweder wird relativ pauschal auf die Offenheit der Diakonie für alle Menschen hingewiesen. Das hört sich dann zum Beispiel folgendermaßen an: „Alle Menschen [sind] [...] von Gott geschaffen und von ihm geliebt. Deshalb gilt die Hilfe der Diakonie allen, unabhängig von Herkunft, Nationalität und Religion“ (so: Zuerst der Mensch. Verbandsleitbild für das Diakonische Werk Württemberg, Stuttgart o.J., unveränderter Nachdruck 2009, Erläuterung zur zweiten Leitbildthese). Es liegt auf der Hand, dass solche Sätze mehr Fragen aufwerfen als sie beantworten – zum Beispiel Fragen nach etwaigen religiösen Hegemonialansprüchen der Hilfeleistenden, Fragen nach ihren Vorstellungen von der Hilfsbedürftigkeit der religiös anders gebundenen Menschen oder Fragen nach ihrem Respekt vor anderen religiösen Bindungen.

Oder es wird die theologische Begründung für die interkulturelle Öffnung in der Rezitation von Bibelstellen gesucht. „Mein Vater war ein umherirrender Aramäer“, wird regelmäßig intoniert, es wird auf Jesu Zuwendung zur syrophönizischen Frau verwiesen oder auf seine Entscheidung für Zachäus. So richtig das alles ist, so wenig hilft es doch zur Bewertung und Entscheidung differenzierter Fragen in der alltäglichen Praxis.

Denn das Problem all dieser richtigen, aber recht allgemeinen Mega-Begründungen besteht in Folgendem: Nicht nur begründen sie keine konkrete Praxis, sondern sie demonstrieren die Verlegenheit, dass eine differenziertere Begründung für die konkrete Praxis noch nicht gefunden wurde. Ein kleineres, aber genaueres Format der theologischen Begründung wäre also besser.

2 Dass in kirchenrechtsetzender Hinsicht Spielräume bestehen, machen folgende Überlegungen Hans Michael Heinigs deutlich: Kirchenrechtliche Herausforderungen für die Diakonie im Horizont religiöser Pluralisierung und Säkularisierung, in: Wieviel Pluralität verträgt die Diakonie?, hg. von Christian Albrecht, Tübingen 2013, S. 35–64. An diese Problementfaltungen wird hier in gewisser Weise angeknüpft.

3 Zum Folgenden vgl. Kirche (TdT 1), hg. von Christian Albrecht, Tübingen 2011. – Dietrich Rössler: Grundriß der Praktischen Theologie (1986), 2., erweiterte Auflage, Berlin und New York 1994, S. 310 f.

4 Die Bekenntnisschriften der evangelisch-lutherischen Kirche (1930), Göttingen ^{9}1982, S. 528–534, hier S. 530.

5 Dazu vgl. insbesondere den folgenden Beitrag über den theologischen Sinn des Begriffs der Dienstgemeinschaft (s.u. S. 93).

6 Zum Folgenden vgl. Reinhard Turre: Hauptamtliche Mitarbeiterinnen und Mitarbeiter, in: Diakonisches Kompendium, hg. von Günter Ruddat und Gerhard K. Schäfer, Göttingen 2005, S. 383–392, hier S. 385 f.

7 Mündlich überliefert.

8 Aus dem Magazin der Diakonie Michaelshoven, Nr. 6, September 2010, o.S.

9 Friedrich Bartels: Zuessow 1990 – Start in die Diakonie, S. 5, auf www.grieppommer.de (http://www.grieppommer.de/texte/zuessow_1990_start_in_die_diakonie/zuessow_1990_start_in_die_diakonie.pdf [letzter Zugriff am 11. April 2016]).

10 Dies ist insofern auch ein theologisches Plädoyer im Rahmen der von Hans Michael Heinig entfalteten Problemstellungen, auf die oben (Anm. 2) bereits hingewiesen wurde.

11 Siehe dazu Näheres im untenstehenden Beitrag zur Gegenwartsbereitschaft der Diakonie (S. 155).

Anmerkungen zu: *Unterscheidungsfähigkeit. Zum Konzept der Dienstgemeinschaft* (S. 93–105)

1 Siehe dazu auch Hans Michael Heinig: Kirchenrechtliche Herausforderungen für die Diakonie im Horizont religiöser Pluralisierung und Säkularisierung, in: Wieviel Pluralität verträgt die Diakonie? hg. von Christian Albrecht, Tübingen 2013, S. 35–64.

2 Vgl. Hermann Lührs: Kirchliche Dienstgemeinschaft. Genese und Gehalt eines umstrittenen Begriffs, in: KuR 13 (2007), S. 220–246.

3 Vgl. z.B. Gottfried Buttler: Art. „Kirchliche Berufe", in: TRE, Bd. 19 (1990), S. 191–213. – Martin Sauer: Ein kleines Stück der Vision Jesu. Diakonie und ihre Mitarbeiterinnen und Mitarbeiter, in: Kursbuch Diakonie. Ulrich Bach zum 60. Geburtstag, hg. von Michael Schibilsky, Neukirchen-Vluyn 1991, S. 309–322. – Karl-Fritz Daiber: Die diakonische Anstalt als Dienstgemeinschaft, in: WzM 44 (1992), S. 193–204.

4 Buttler: Art. „Kirchliche Berufe" (s.o. Anm. 3), S. 210. – Sehr viel emotionaler und klassenkämpferischer formulierte ein Jahr später der Theologe Martin Sauer: „Ohne Zweifel ist der Begriff ‚Dienstgemeinschaft' dann, wenn er für die Gesamtheit aller Mitarbeiter einer Einrichtung gedacht ist [...], ein ideologischer – wobei ich unter Ideologie jenes meist apologetische (also das Bestehende verteidigende) Bewußtsein verstehe, das die Aufgabe hat, die konkrete gesellschaftliche Situation so zu verschleiern, daß sie von der Masse als gerecht und vernünftig angesehen wird, obwohl sie in Wirklichkeit nur im Sinne derer, die die Macht haben, ‚vernünftig' ist." (Sauer: Ein kleines Stück der Vision Jesu [s.o. Anm. 3], S. 317.)

5 Nikolaus Schneider: Vortrag „Faire Arbeitsbedingungen durch den Dritten Weg – Aktuelle Anforderungen an das kirchliche Arbeitsrecht" am 5. März 2012 in Eichstätt, http://www.ekd.de/download/120305_faire_arbeitsbedingungen_durch_den_dritten_weg.pdf (letzter Zugriff am 11. April 2016), unpag. S. 3. – Gegenwärtig wird der theologisch konzipierte Begriff der Dienstgemeinschaft auch im Zusammenhang der Überlegungen nach der Integration von nicht kirchlich gebundenen Mitarbeiter wiederentdeckt und als Integrationsbegriff hochgeschätzt, etwa im

Zusammenhang der Suche nach einer „Dienstgemeinschaft mit anderen" (so die Titelformulierung einer Konsultation der Diakonie in Hessen und Nassau, dokumentiert unter http://www.diakonie-hessen.de/veroeffentlichungen/publikationen.html [letzter Zugriff am 11. April 2016]). Vorausgesetzt wird dort: „‚Dienstgemeinschaft' ist als theologischer Leitbegriff unverzichtbar. Er bringt die Überzeugung zum Ausdruck, dass Gott Menschen in Dienst nimmt. Die Füllung dieser Glaubens- oder Bekenntnisaussage unterliegt dem Selbstbestimmungsrecht der Kirchen, ist also nicht von anderen zu beurteilen." (a.a.O., S. 14). Unter dieser Bedingung kann dann das Konzept einer „interkulturelle[n], oder gar interreligiöse[n] Dienstgemeinschaft" entworfen werden (a.a.O., S. 8).

6 Mitarbeitervertretungsgesetz der EKD (MVG.EKD) vom 6. November 1992 in der Fassung der Bekanntmachung vom 1. Januar 2004, zuletzt geändert durch Kirchengesetz vom 29. Oktober 2009, Präambel.

7 Vgl. z.B. Daiber: Die diakonische Anstalt als Dienstgemeinschaft (s.o. Anm. 3), S. 199.

8 Dazu vgl. auch a.a.O., S. 197.

9 Dazu vgl. auch a.a.O., S. 198.

Anmerkungen zu: *Wirkungsfähigkeit. Zu Recht und Grenzen von Bildern der Diakonie* (S. 107–129)

1 Es geht der Diakonie damit übrigens keinen Deut anders als der Kirche. Jenseits des gezielten, durch *Public relations* vermittelten Bildes der Kirche gibt es ein Bild der Kirche, das entsteht durch die Gesprächsatmosphäre an einem Konfirmanden-Elternabend, die Kleidung des Pfarrers beim Taufgespräch, das heillose Wirrwarr von Verlängerungsschnüren vor dem Altar. Das Bild entsteht, wenn ich im Pfarrbüro anrufe und nach einem Termin für das Traugespräch frage oder wenn der Kirchenvorsteher mein Kind vom Abendmahlstisch fortschickt. Auch hier gibt es jenseits des Beabsichtigten eine irritierende und auch widersprüchliche Vielfalt der implizit entstehenden, vielfach prägenden Bilder.

2 Horst Seibert: Öffentlichkeitsarbeit, in: Diakonisches Kompendium, hg. von Günter Ruddat und Gerhard K. Schäfer, Göttingen 2005, S. 332–350, hier S. 344 (H. i. O.).

3 Zum Folgenden vgl. Johanna Haberer: Medientheorie in der Diakonie, in: Theologie und Diakonie (VWGTh 25), hg. von Michael Schibilsky und Renate Zitt, Gütersloh 2004, S. 465–472, hier S. 467 f.

4 Ebd.

5 Vgl. a.a.O., S. 468.

6 Bekanntheit und Image der Diakonie. Ergebnisse der Telefonumfragen in den Jahren 2001 und 2005 (Imageanalyse), hg. vom Diakonischen Werk der Evangelischen Kirche in Deutschland e.V. Diakonie Texte – Positionspapier 13.2006, Stuttgart 2006, S. 6.

7 Vgl. Herbert Haslinger: Die Frage nach dem Proprium kirchlicher Diakonie, in: Studienbuch Diakonie, hg. von Volker Herrmann und Martin Horstmann, Bd. 2, Neukirchen-Vluyn 2006, S. 160–174, hier S. 168.

8 Vgl. dazu Reiner Anselm: „Eine Dienstgemeinschaft von Frauen und Männern im Haupt- und Ehrenamt“ – Richtlinie über Anforderungen der Mitarbeit in der EKD und Diakonie, in: Leitbild und Selbstverständnis der Diakonie, hg. vom Diakonischen

Werk der Evangelischen Kirche in Deutschland e.V. Diakonie Texte – Dokumentation – 23.2006, Stuttgart 2006, S. 41–47.

9 Leitbild Diakonie, z.B.: http://www.diakonie.de/leitbild-9146.html (letzter Zugriff am 11. April 2016), unpag. S. 5 oder: Herz und Mund und Tat und Leben. Grundlagen, Aufgaben und Zukunftsperspektiven der Diakonie. Eine evangelische Denkschrift, im Auftrag des Rates der EKD, hg. vom Kirchenamt der EKD, Gütersloh 1998, S. 76–80, hier S. 78.

10 Siehe dazu auch den Beitrag „Gemeinschaftsfähigkeit. Zum Konzept der Dienstgemeinschaft“ in diesem Band unten S. 93.

11 Leitbild Diakonie (s.o. Anm. 9), unpag. S. 1.

12 So das Plädoyer von Haberer: Medientheorie in der Diakonie (s.o. Anm. 3), S. 468.

13 Haslinger: Die Frage nach dem Proprium kirchlicher Diakonie (s.o. Anm. 7), S. 169.

Anmerkungen zu: *Vertrauenswürdigkeit. Zur Implementierung von Compliance in der Diakonie* (S. 131–153)

1 Bertolt Brecht: Über das experimentelle Theater (1939), in: ders: Gesammelte Werke, Bd. 15, Frankfurt a.M. 1967, S. 301.

2 Diakonischer Corporate Governance Kodex (DKG) mit Erläuterungen: Diakonie Korrespondenz 05/2005, Stuttgart 2005, pdf über http://www.diakonie.de/diakonie-corporate-governance-kodex-1652.html (letzter Zugriff am 11. April 2016), S. 5.

3 A.a.O., S. 7.

4 Zum Folgenden vgl. Herbert Haslinger: Diakonie. Grundlagen für die soziale Arbeit der Kirche, Paderborn u.a. 2009, S. 149 f.

5 A.a.O., S. 149.

6 A.a.O., S. 150.

7 Markus Rückert: Finanzen und Finanzierung, in: Diakonisches Kompendium, hg. von Günter Ruddat und Gerhard K. Schäfer, Göttingen 2005, S. 300–316, hier S. 315.

8 Hanns-Stephan Haas: Theologie und Ökonomie. Management-Modelle – Theologisch-ökonomische Grundlegung – Diskurspartnerschaft (Diakonie. Bildung – Gestaltung – Organisation 9), Stuttgart 2010, S. 351.

9 Vgl. dazu Trutz Rendtorff: Ethik. Grundelemente, Methodologie und Konkretionen einer ethischen Theologie, hg. von Reiner Anselm und Stephan Schleissing, 3., durchgesehene Auflage, Tübingen 2011, S. 93–95.

10 Z.B. Corporate Governance Kodex für die Diakonie in Württemberg (2005), hg. vom Diakonischen Werk Württemberg o.J. [2005], auch unter https://www.diakonie-wuerttemberg.de/verband/grundlagen/corporate-governance-kodex/ (letzter Zugriff am 11. April 2016).

11 Transparenzstandards für Caritas und Diakonie, hg. vom Diakonischen Werk der EKD (Stuttgart) und vom Deutschen Caritasverband (Freiburg i.B.), o.J. [2010], auch unter http://www.diakonie.de/transparenzstandards-fuer-caritas-und-diakonie-8524.html (letzter Zugriff am 11. April 2016).

12 Diakonischer Corporate Governance Kodex (DKG) mit Erläuterungen (s.o. Anm. 2), S. 5.

13 A.a.O., S. 8.

14 Transparenzstandards für Caritas und Diakonie (s.o. Anm. 11), S. 3.

15 Niklas Luhmann: Vertrauen, 2., erweiterte Auflage, Stuttgart 1973, S. 1.

16 Vgl. dazu ausführlicher oben S. 42.

Anmerkungen zu: *Gegenwartsbereitschaft. Zur Zukunftsfähigkeit der Diakonie* (S. 155–178)

1 Christian Felix Weisse (1726–1804): Lieder für Kinder, Leipzig 1767, S. 41.

2 Altern in der Mitte der Gesellschaft. Aus dem Leben schöpfen. Für mich und für andere, in: Diakonie konkret. Handreichung für Gemeindearbeit, Stuttgart 2012, S. 34.

3 A.a.O., S. 10.

4 Altenarbeit im Gemeinwesen. Demografisch geboten – politisch notwendig – verlässlich finanziert. Diakonie Texte – Handreichung – 09.2011, Stuttgart 2011, S. 11.

5 Altern in der Mitte der Gesellschaft (s.o. Anm. 2), S. 34.

6 Ebd.

7 Leitlinien Arbeitsmigration und Entwicklung. Diakonie Texte – Positionspapier – 03.2012, Stuttgart 2012, S. 13 f.

8 Johannes Stockmeier: Vorwort, in: Prävention und Bekämpfung von Altersarmut. Diakonie Texte – Positionspapier – 08.2013, Stuttgart 2013, S. 4 f., hier S. 5.

9 Johannes Stockmeier: Begrüßung und Einführung, in: Demografischer Wandel – zwischen Mythos und Wirklichkeit. Diakonie Texte – Dokumentation – 07.2013, Stuttgart 2013, S. 3–5, hier S. 4.

10 Jürgen Gohde: Diakonie auf dem Prüfstand, Stuttgart 2007, S. 235.

11 Vgl. Deutsches Wörterbuch von Jacob und Wilhelm Grimm, Sechzehnter Band: Zobel – Zypressenzweig, Bearbeitet von Gustav Rosenhagen und der Arbeitsstelle des Deutschen Wörterbuches zu Berlin, Leipzig 1954, Sp. 483.

12 Zukunftsfähiges Deutschland. Ein Beitrag zu einer global nachhaltigen Entwicklung. Studie des Wuppertal Instituts für Klima, Umwelt, Energie GmbH, hg. von Bund für Umwelt und Naturschutz Deutschland (BUND) und MISEREOR, Basel u.a. 1996. – Der a.a.O., S. 82, Anm. 2 vertretenen Meinung, der Begriff „Zukunftsfähigkeit“ sei 1991 von Udo Ernst Simonis geprägt worden, ist mit Hinweis auf den oben Anm. 11 genannten Beleg zu widersprechen.

13 Kirche der Freiheit im 21. Jahrhundert. Zukunftskongress der Evangelischen Kirche in Deutschland. Lutherstadt Wittenberg 25.–27. Januar 2007. Dokumentation des Zukunftskongresses der EKD, hg. vom Kirchenamt der EKD, Hannover 2007, S. 70.

14 Vgl. Bernd Oberdorfer: Art. „Zukunft II. Dogmatisch“, in: RGG4, Bd. 8 (2005), Sp. 1916.

15 Vgl. dazu auch Jan Hermelink: Die „Zukunft“ der kirchlichen Organisation. Eschatologische Aspekte in der gegenwärtigen Debatte zur Kirchenreform, in: Die Gegenwart der Zukunft. Geschichte und Eschatologie, hg. von Ulrich Körtner, Neukirchen-Vluyn 2008, S. 85–103.

16 Kirche der Freiheit. Perspektiven für die evangelische Kirche im 21. Jahrhundert, hg. vom Kirchenamt der EKD, Hannover 2007.

17 Aus dem Leitbild der Diakonie Deutschland – Evangelischer Bundesverband, http://www.diakonie.de/leitbild-9146.html (letzter Zugriff am 16. November 2013).

18 Vgl. exemplarisch: Perspektiven der Diakonie im gesellschaftlichen Wandel. Eine Expertise im Auftrag der Diakonischen Konferenz des Diakonischen Werks der Evangelischen Kirche in Deutschland, hg. von Uwe Becker, Neukirchen-Vluyn 2011, S. 121.

Nachweise

Einleitung. Zur Theologiefähigkeit der Diakonie: *unveröffentlicht.*

Erinnerungsfähigkeit. Diakonie als Innere Mission: *unveröffentlicht.*

Belastungsfähigkeit. Diakonie und Kapital: *unveröffentlicht.*

Konfliktfähigkeit. Refinanzierungen von Kirche und Diakonie: *unveröffentlicht.*

Pluralitätsfähigkeit. Diakonie im Kontext religiöser und kultureller Vielfalt: *Überarbeitete Fassung von: Glaubwürdigkeit auf der Grenze. Theologische Überlegungen zur protestantischen Identität der Diakonie im Horizont religiöser und kultureller Pluralität, in: Wieviel Pluralität verträgt die Diakonie?, hg. von Christian Albrecht, Tübingen 2013, S. 65–92.*

Unterscheidungsfähigkeit. Zum Konzept der Dienstgemeinschaft: *Überarbeitete Fassung von: „Dienstgemeinschaft". Zur Pluralitätsfähigkeit einer diakonischen Pathosformel, in: Wieviel Pluralität verträgt die Diakonie?, hg. von Christian Albrecht, Tübingen 2013, S. 92–107.*

Wirkungsfähigkeit. Zu Recht und Grenzen von Bildern der Diakonie: *Überarbeitete Fassung von: Wer macht die Bilder? Über die öffentliche Wahrnehmung der Diakonie, in: Diakonische Perspektiven für innovative Strategien. Impulse für eine nachhaltige Unternehmensführung in der Sozial- und der Gesundheitswirtschaft, hg. von Peter Helbich, Peter Oberender und Jürgen Zenker, Stuttgart 2015, S. 255–267.*

Vertrauenswürdigkeit. Zur Implementierung von Compliance in der Diakonie: *unveröffentlicht.*

Gegenwartsbereitschaft. Zur Zukunftsfähigkeit der Diakonie: *unveröffentlicht.*

Personenregister

Sachregister

Wieviel Pluralität verträgt die Diakonie?

Herausgegeben von Christian Albrecht

Die Diakonie steht zunehmend vor der Aufgabe, sich auf eine wachsende religiöse und kulturelle Pluralität einzustellen. In ihrem Zusammenhang entstehen neue Erwartungen, die nichtevangelische Klienten, Mitarbeiter und Kooperationspartner an die Diakonie haben – und umgekehrt neue Ansprüche, an denen die Diakonie festhalten muß, wenn sie ihrem Auftrag gerecht werden will. Notwendigkeit und Grenzen interkultureller sowie interreligiöser Öffnung der Diakonie werden in den Beiträgen des Bandes aus dem Selbstverständnis der Diakonie heraus und mit dem realistischen Blick auf die faktischen Bedingungen diakonischen Handelns im pluralen Kontext erwogen. Die Beiträge spannen dabei einen Bogen von der religionssoziologischen Bestandsaufnahme über die Beleuchtung der kirchenrechtlichen Rahmenbedingungen hin zu theologischen Begründungen.

2013. VII, 123 Seiten.
ISBN 978-3-16-152816-3
fadengeheftete Broschur

Mohr Siebeck
Tübingen
info@mohr.de
www.mohr.de